Aare-Radweg

Von Meiringen zum Rhein

Ein original *bikeline*-Radtourenbuch

D1720682

Esterbauer

bikeline®-Radtourenbuch Aare-Radweg

© 1998, **Verlag Roland Esterbauer**

A-3751 Rodingersdorf, Hauptstr. 31

Tel.: ++43/2983/28982-0, Fax: -80

Email: office@bikeline.at

1. Auflage 1998

ISBN 3-900869-85-5

Dank an alle, die uns bei der Erstellung dieses Buches tatkräftig unterstützt haben.

Das *bikeline*-Team: Birgit Albrecht, Grischa Begass, Bettina Beulmann, Micha Derferd, Roland Esterbauer, Birgit Frank, Bettina Hofbauer, Tobias Sauer, Matthias Thal, Klaudia Wais, Elvira Winkelhofer.

Bildnachweis: Matthias Thal, Verkehrsverein Bönigen, Interlaken Tourismus, Tourismus/Tourisme Biel-Bienne, Region Meiringen Hasliberg Tourismus, Region Solothurn Tourismus, Thun Tourismus-Organisation.

Was ist bikeline?

Wir sind ein junges Team von aktiven RadfahrerInnen, die vor elf Jahren begonnen haben, Radkarten und Radbücher zu produzieren. Heute tun wir dies als Verlag mit großem Erfolg.

Um unsere Bücher immer auf dem letzten Stand zu halten, brauchen wir auch Ihre Hilfe. Schreiben Sie uns, wenn Sie Fehler oder Änderungen entdeckt haben. Oder teilen Sie uns einfach die Erfahrungen und Eindrücke von Ihrer Radtour mit.

Wir freuen uns auf Ihren Brief,

Ihr bikeline-Team

VORWORT

Mit dem Fahrrad das unverwechselbare Bild der Schweiz kennenlernen, das ist das Motto dieses Buches. Folgen Sie der Aare ab Meiringen im Berner Oberland über die Bundeshauptstadt Bern, Solothurn und Aarau bis zur Aaremündung in Koblenz.

Einzigartige Naturschauspiele wie die Aareschlucht und die von der Aare gebildeten Brienzer-, Thuner- und Wohlensee sowie das berühmteste Alpenpanorama von Eiger, Mönch und Jungfrau begegnen Ihnen auf der rund 280 Kilometer langen Radtour. Architektonische Meisterwerke in Bern, kunstvolle Schlösser und Burgen, verträumte Dörfer und kulturhistorisch interessante Städte runden den Radurlaub zum einmaligen Erlebnis ab.

Und noch etwas: präzise Karten, zahlreiche Stadtpläne, genaue Routenbeschreibungen, Hinweise auf das kulturelle und touristische Angebot der Region und ein umfassendes Übernachtungsverzeichnis – in diesem Buch finden Sie alles, was Sie zu einer Radtour entlang der Aare benötigen.

KARTENLEGENDE

Hauptroute
Radweg
Ausflug oder Variante
Mountainbike-Route

asphaltierte Strecke
nicht asphaltierte Strecke
schlechte Strecke, Kopfsteinpflaster
Radroute auf mässig befahrener Straße
Radroute auf stark befahrener Straße
stark befahrene Straße
starke Steigung
leichte bis mittlere Steigung
3 Entfernung in Kilometern
Fähre
▲ Gefahrenstelle
▲ Text beachten
X X X Radfahren verboten

Maßstab 1 : 100.000
1 cm ≙ 1 km

0   1   2   3   4   5   6 km

4

ℹ Tourist-Information
( ) Einrichtung im Ort vorhanden
🏠 🏨 Jugendherberge; Hotel, Pension
Gasthaus
⚕ Campingplatz
🚲 Radverleih
Bad
⚓ Schiffsanlegestelle
Schönern sehenswertes Ortsbild
✳ Schloss Sehenswürdigkeit
Bauwerk
🏛 Museum
Tierpark
Naturpark
Aussichtspunkt
Ausgrabung
Schnellverkehrsstraße
Hauptstraße
Nebenstraße
Fahrweg
Fußweg
Eisenbahn mit Bahnhof
Schmalspurbahn

Staatsgrenze
⊖ (⊙) ständiger; eingeschränkter Grenzübergang
Landesgrenze
Wald
Vernässung
Sumpf; Rohrwuchs
Weingarten
Damm
Kirche; Kloster
Kapelle
Schloß, Burg
Ruine
Turm
Funkanlage; Leuchtturm
Kraftwerk; Transformator
Bergwerk
+ Wegkreuz
Denkmal
Windmühle
Sportplatz
✈ Flughafen
Quelle
Kläranlage

Inhalt

Der Aare-Radweg

Streckencharakteristik

Länge

Die **Länge** des Aare-Radweges mit Start in Meiringen und Endziel in Koblenz beträgt insgesamt 285 Kilometer. Varianten sind dabei nicht berücksichtigt.

Wegequalität & Verkehr

Die **Wegequalität** des Aare-Radweges ist auf der gesamten Strecke in einem guten Zustand. Im Berner Oberland verläuft der Radweg meist in Ufernähe des Brienzer- und Thunersees und ist bis auf ein kurzes Stück bei Brienz durchgehend asphaltiert. Von Thun bis Olten folgt der Radweg mehr oder weniger dem Lauf der Aare. Bis auf kurze Abschnitte hinter Thun und beim Wohlensee ist der Radweg asphaltiert. Von Olten bis zur Mündung in den Rhein bei Koblenz bleibt der Aare-Radweg meist direkt in Ufernähe. Hier sind auch längere Streckenabschnitte unbefestigt, aber gut zu befahren.

Hinsichtlich des **Verkehrsaufkommens** gibt es nur zwischen Interlaken und Beatenberg sowie in Bern größere Beeinträchtigungen. Ansonsten sind Sie auf eigenen Radwegen, Uferwegen und autofreien oder verkehrsarmen Nebenstraßen unterwegs. **Steigungen** treten im gesamten Streckenverlauf nur vereinzelt auf und sind nicht sehr beschwerlich. Der einzige extrem steile Anstieg führt von Brienz hinauf zu den Giessbachfällen und ist 1,5 Kilometer lang.

Beschilderung

Von Meiringen nach Interlaken markieren die mit Ortsangaben des nächsten Zieles versehenen weinroten Schilder des

Berner Radweges Nr. 6 den Weg. Von Thun über Bern bis Aarau ändert sich nur die Nummer des Berner Radweges. Statt eine 6 ist auf den Schildern nun eine 1 zu finden. Ab Aarau sind bis Brugg rechteckige Schilder mit Radsymbol und Ortsangabe aufgestellt.

TOURENPLANUNG

Die Gesamtlänge des Aare-Radweges beträgt rund 280 Kilometer, die in diesem Radtourenbuch in drei Abschnitte unterteilt sind. Jeder Abschnitt kann in etwa einer starken Tagesetappe entsprechen. Sportliche RadfahrerInnen werden die Tour in drei Tagen zurücklegen. Möchten Sie aber ein gemütlicheres Tempo einschlagen und sich

für den Besuch der Sehenswürdigkeiten Zeit nehmen, so werden Sie mindestens fünf Tage benötigen.

INFOSTELLEN

Internationale Vorwahl: 0041

Schweiz Tourismus Zürich, Tödistr. 7, CH-8027 Zürich, 1/2881111, Fax 2881205

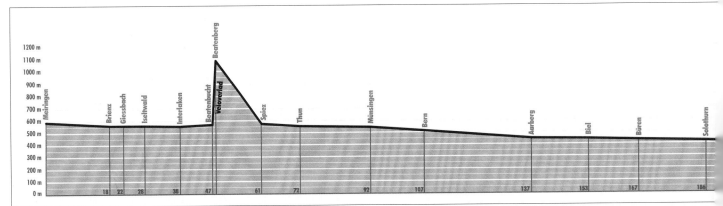

🄘 **Schweizer Tourismus-Verband,** Finkhubelweg 11, CH-3001 Bern, ☎ 031/ 3021641, Fax 3023357

🄘 **Tourismus Biel/Bienne Seeland,** Zentralstraße 60, CH-2501 Biel/Bienne, ☎ 032/3227575, Fax 3237757

🄘 **Verkehrsverband Berner Mittelland,** Im Bahnhof, CH-3001 Bern, ☎ 031/3281228

🄘 **Berner Oberland Tourismus,** Jungfrauenstrasse 38, CH-3800 Interlaken, ☎ 033/ 8230303, Fax 8230330

ANREISE & ABREISE

Mit der Bahn: Meiringen, den Ausgangspunkt der Route, erreichen Sie von Luzern und Interlaken mit den Regionalzügen. Interlaken, das Zentrum des Berner Oberlandes ist von allen größeren Städten aus direkt in Schnell-, Intercity- oder Eurocity-Zügen erreichbar. Da diese Züge nur selten über einen Gepäckwagen verfügen, sollten Sie Ihr Fahrrad (Velo) rechtzeitig zum Zielbahnhof vorraussenden.

Fahrradmitnahme/Reisegepäck: In der Schweiz beträgt der Preis für den Veloversand als Reisegepäck bei einer Transportfrist von 24 Std. pro Strecke sFr 12,–

Im internationalen Verkehr kostet das Versenden des Rades öS 140,–. Die direkte Fahrradmitnahme (Veloselbstverlad) ist grundsätzlich in allen Zügen gestattet. Gesperrte Züge sind im Fahrplan mit dem durchgetrichenen Symbol 🚲 „Velo verboten" gekennzeichnet. Die Velos können auf den mit einem grossen Velo-Piktogramm gekennzeichneten Einstiegsplattformen der Personenwagen oder in die Gepäckwagen, falls genügend Laderaum vorhanden ist, eingeladen werden. Der Preis für eine Tageskarte Veloselbstverlad beträgt für alle Entfernungen sFr 15,–.

Für weitere Informationen wenden Sie sich an das Auskunfts-Telefon der Schweizer Bundesbahn: ☎ 1572222.

RAD & BAHN

Radverleih am Bahnhof: Velos können an über 180 Bahnstationen gemietet und an irgendeinen Bahnhof wieder abgegeben werden. Zum Mieten eines Velos be-

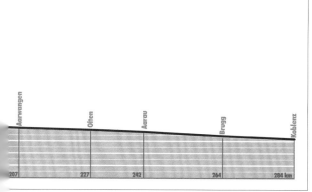

nötigen Sie einen gültigen Lichtbildausweis. Es stehen drei Velotypen zur Auswahl: Countrybike (sFr 19,– pro Tag), Mountainbike (sFr 25,– pro Tag) und Kindervelo (sFr 16,– pro Tag).

Alle drei Velotypen sind auf folgenden Bahnhöfen entlang der Aare-Tour erhältlich: Meiringen, Interlaken, Thun, Bern, Biel/Bienne, Solothurn, Olten, Aarau, Brugg

ÜBERNACHTUNG

Die Regionen rund um die Aare bietet zahlreiche Übernachtungsmöglichkeiten. Im Berner Oberland und im Bieler Seenland stehen jede Menge Betten zur Verfügung, nur im Unterlauf der Aare ist die Auswahl etwas geringer. Zur Hochsaison empfiehlt es sich jedoch, das Zimmer im voraus zu reservieren, um unliebsame Überraschungen vorzubeugen.

MIT KINDERN UNTERWEGS

Die Route verläuft großteils auf ausgebauten Radwegen oder verkehrsarmen Nebenstrassen und ist daher kindersicher. Da Sie meist in Flussnähe radeln, sind die wenigen Anstiege entlang der Hauptroute nur sehr kurz. Somit ist grundsätzlich die gesamte Tour für Kinder ab etwa 10 Jahre ohne weiteres geeignet.

ALLES FÜR DIE TOUR

Radfahren entlang des Aare-Radweges ist grundsätzlich mit jedem funktionstüchtigen Fahrrad möglich. Die Wege sind großteils asphaltiert, aber auch unbefestigte Wald- und Uferwege mit etwas unebenen Untergrund sind ab und zu zu bewältigen. Am besten geeignet für die Tour sind Touren- oder Trekkingräder.

Da Sie auch längere Strecken zurücklegen, empfiehlt es sich, eine Grundausrüstung an Werkzeugen und Zubehör mit auf die Reise zu nehmen: Ersatzschlauch und/oder Flickzeug, Reifenhebel, Universalschraubenschlüssel, Luftpumpe, Speichen- und Schraubenzieher, Öl sowie Kettenfett, Schmiertücher und Ersatzleuchten.

Einen **Gepäcktransport** und eine **geführte Radtour** bietet folgender Radreiseveranstalter an:

Eurotrek/Unitours AG, Malzstrasse 17-21, CH-8036 Zürich, ☎ 01/4620203, Fax: 4629392.

ZU DIESEM BUCH

Dieser Radreiseführer enthält alle Informationen, die Sie für den Radurlaub entlang der Drau benötigen: exakte Karten, eine detaillierte Routenbeschreibung, ein ausführliches Übernachtungsverzeichnis und die wichtigsten Informationen zu touristischen Attraktionen und Sehenswürdigkeiten.

Und das alles mit der *bikeline-Garantie*: jeder Meter in unseren Büchern ist von einem unserer Redakteure auf seine Fahrradtauglichkeit geprüft worden!

DIE KARTEN

Übersicht über die geographische Lage des in diesem Buch behandelten Gebietes gibt Ihnen die Übersichtskarte auf der vorderen inneren Umschlagseite. Hier sind auch die Blattschnitte der einzelnen Detailkarten eingetragen.

Diese Detailkarten sind im Maßstab 1 : 100.000 erstellt. Dies bedeutet, dass 1 cm auf der Karte einer Strecke von 1 Kilometer in der Natur entspricht. Zusätzlich zum genauen Routenverlauf informieren die Karten auch über die Beschaffenheit des Bodenbelages (befestigt – unbefestigt), Steigungen (stark oder schwach), Entfernungen sowie über kulturelle und gastronomische Einrichtungen entlang der Strecke.

Die empfohlene Hauptroute ist immer in Rot, Varianten und Ausflüge hingegen in Orange dargestellt. Die genaue Bedeutung der einzelnen Symbole wird in der Legende auf Seite 4 erläutert.

DER TEXT

Der Textteil besteht im wesentlichen aus der genauen Routenbeschreibung, die besonders in Siedlungsgebieten wichtig ist. Der Blick auf die Karte kann jedoch nicht ersetzt werden. Der fortlaufende Text beschreibt die empfohlene Hauptroute flussabwärts. Unterbrochen wird dieser Text gegebenenfalls durch in kleinerer Schrift gesetzte Absätze, die Varianten und Ausflüge beschreiben.

Ferner sind alle wichtigen Orte zur besseren Orientierung aus dem Text hervorgehoben. Gibt es interessante Sehenswürdigkeiten in einem Ort, so finden Sie unter dem Ortsbalken die jeweiligen Adressen, Telefonnummern und Öffnungszeiten.

Folgende Symbole werden dabei verwendet:

- 🛈 Tourist-Information
- 🏛 Museum
- 🏰 Sehenswertes Bauwerk
- ⛴ Schiffsverbindung
- ∴ Ausgrabung
- 🦓 Tierpark, Zoo

9

ÜBERNACHTUNGSVERZEICHNIS

Auf den letzten Seiten dieses Radtourenbuches finden Sie zu fast allen Orten an der Strecke eine Auswahl von günstig gelegenen Hotels und Pensionen. Dieses Verzeichnis enthält auch Campingplätze und Jugendherberge.

▨ Garten, Naturpark
● Sonstiges

Die Beschreibung der einzelnen Orte und historisch oder kulturell interessante Gegebenheiten tragen weiters zu einem abgerundeten Reiseerlebnis bei. Diese Textteile sind kursiv gesetzt und unterscheiden sich dadurch optisch vom eigentlichen Routentext.

Von Meiringen nach Thun

Die Aare durchzieht in ihrem ersten Abschnitt das Berner Oberland. Die tiefblauen Brienzer- und Thunersee prägen das Landschaftsbild. Im Zentrum des Berner Oberlandes liegt Interlaken, wo das weltberühmte Alpenpanorama der vergletscherten Eiger, Mönch und Jungfrau die Landschaft beherrscht.

Einzigartige Naturschönheiten wie die Aareschlucht, Reichenbachfall, die Beatushöhlen am Thunersee aber auch die kulturhistorisch einmalige Dokumentation bäuerlicher Bauarten der Schweiz im Ballenberger-Freilichtmuseum lassen die Fahrt zu einem unvergesslichen Erlebnis werden. Der Radweg verläuft von Meiringen nach Brienz nahe des Aareufers, bis Thun dann entlang von Brienzer- und Thunersee. Von Brienz hinauf zu den Giessbachfällen ist der einzige sehr steile Anstieg zu bewältigen.

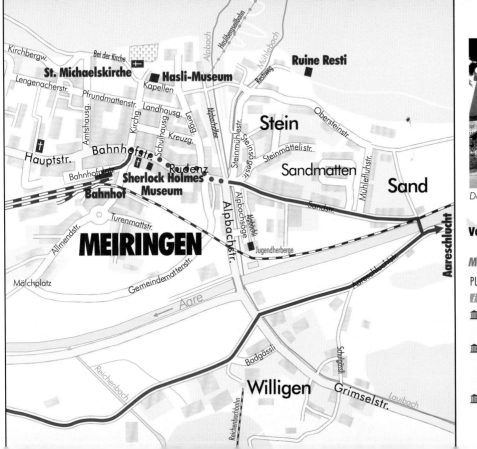

St. Michaelskirche
Hasli-Museum
Ruine Resti
Kapellen
Stein
Sandmatten
Hauptstr.
Bahnhofstr.
Rudenz
Sherlock Holmes
Museum
Sand
Bahnhof
MEIRINGEN
Mälchplatz
Aare
Aareschlucht
Willigen
Grimselstr.

Dorf Meiringen

Von Meiringen nach Brienz   18 km

Meiringen

PLZ: 3860; Vorwahl: 033

i Region Meiringen-Hasliberg Tourismus, ☎ 9725050

🏛 **Museum der Landschaft Hasli**, Kapelleng., ÖZ: 1. Juni bis 21. Sept. Mo-So 14-17 Uhr.

🏛 **Naturkundliche Sammlung Oberhasli**, Lengg. 19, ÖZ: 16. Juni bis 14. Sept. Mo-Do 16.30-18 Uhr, Fr 19-21 Uhr.

🏛 **Sherlock Holmes Museum**, Parkhotel Du Sauvage,

Wetterhorngruppe bei Meiringen

grabungen einer romanischen Unterkirche aus dem 11. Jh.

- ▦ **Aareschlucht**, ÖZ: tägl. von Anfang April bis 1. Nov., Juli und Aug. ab 21 Uhr Abendbeleuchtung. Das 1400 Meter lange und 200 Meter breite Naturwunder kann über Stege und durch Tunnels durchwandert werden.
- ▦ **Reichenbachfälle**; Eine Drahtseilbahn führt hinauf zum obersten und großartigsten der Wasserfälle, ☎ 9729010, ÖZ: tägl. von Mai bis Okt.
- ● **Hasliberger Dorfweg**; Der mit braunen Wegweisern markierte Weg am Hasliberg von Reuti nach Hohfluh bietet einen interessanten Einblick in die bäuerliche Baukultur zwischen 1500 und den Anfängen des Tourismus um 1900.

Die landschaftliche Schönheit und das herrliche Panorama rund um Meiringen beeindruckt jedermann seit den Anfängen des Tourismus immer wieder aufs neue. Dadurch inspiriert, verlegte der Schriftsteller Arthur Conan Doyle das Ende seines Meisterdetektives in diese Gegend. Im Kampf mit seinem Erzfeind Professor Moriarty mußte **Sherlock**

☎ 9714221, ÖZ: Mai bis Sept. Di-So 13.30-18 Uhr, Okt. bis April Mi-So 15-18 Uhr. Nachbildung seines Wohnzimmers in der Baker Street 221b.

🏭 **Ehemalige St. Michaelskirche**, sehenswert sind die Aus-

Holmes in den Reichenbachfällen sein Leben lassen. Auf der Plattform, wo dieses Duell stattfand, führt heute eine Drahtseilbahn hinauf. Im Ortszentrum erinnern eine Statue, ein Pub und die Nachbildung seines Wohnzimmers in der Baker Street 221b an die Verbindung mit Meiringen.

Sie beginnen Ihre Velotour am Bahnhof von Meiringen — vom Bahnhofplatz zur Bahnhofstrasse — auf der Hauptstrasse durch Meiringen bis zur Kreuzung mit der Alpbachstrasse — dort dem Wegweiser zur Aareschlucht folgen — auf der Sandstrasse zur Aare — über die Geleise der Schmalspurbahn und einen Steg queren Sie den Fluss — auf der Aareschluchtstrasse bis zum Gasthof Aareschlucht — da die Besichtigung des Naturwunders nur zu Fuß möglich ist, stellen Sie Ihr Velo am eigens dafür geschaffenen Veloparkplatz ab.

Nach dem Besuch des Naturwunders auf der Aareschluchtstrasse flussabwärts bis zum Kreisverkehr im Ortsteil Willigen — hier dem Wegweisern zu den Reichenbachfällen, Brienz und Balm folgen — am Parkplatz der Drahtseilbahn zum Reichenbachfall vorbei — auf der schmalen Nebenstrasse nach

Balm — an der Kreuzung in Balm nach links einbiegen — auf der Balmstrasse Richtung **Unterbach** — an der Kreuzung am Ende des eingezäunten Flugplatzgeländes nach links Richtung Interlaken, Iseltwald und Brienz.

Neben dem begradigten schmalen Zufluss zum Brienzer See weiter — der schmale Fahrweg begleitet das Gerinne für 3,5 Kilometer — rund 700 Meter hinter einer schmalen Brücke erfolgt die Abzweigung nach Brienz — unter der Schnellstrasse hindurch — am Freibad und den Campingplät-

Brienzer See bei Böringen

zen am Ostufer des Brienzer Sees vorüber — nach der Bahnunterführung der verkehrsreicheren Hauptstraße ins Ortszentrum folgen.

Brienz

PLZ: 3855; Vorwahl: 033

🛈 **Verkehrsbüro**, ☎ 9528080

⚓ **Brienzersee-Schifffahrt**, Schiffsbetrieb Thuner- und Brienzersee, ☎ 3345211, Betrieb von April bis Okt.

🏛 **Freilichtmuseum Ballenberg**, Brinzwiler, ☎ 9511123, ÖZ: tägl. vom 15. April bis 31. Okt. 10-17 Uhr. Zu sehen

sind rund 80 historische Gebäude aus allen Schweizer Landesteilen der letzten Jahrhunderte.

● **Rothorn Bahn**, Brienz; ☎ 9514400, Fahrplanmäßiger Verkehr vom 31. Mai bis 26. Okt; Auf der 7,5 Kilometer langen Fahrt mit der Dampfzahnradbahn auf das Rothorn wird ein Höhenunterschied von 1678 Meter überwunden.

VON BRIENZ NACH INTERLAKEN   21 KM

Von Brienz auf gleichem Weg zurück zur Kreuzung hinter der Schnellstrassenunterführung — sehr steil geht es der Velowanderroute Interlaken-Meiringen entlang bergauf nach Giessbach — wildromantischer Wegverlauf — nach rund 1,7 Kilometer bei der Bushaltestelle rechts Richtung Giessbacher Wasserfälle und Grandhotel Giessbach abzweigen — etwa 50 Meter nach der Kehre zweigt im spitzen Winkel die Velowanderroute nach Interlaken links ab — geradeaus ginge es steil bergab zum Grandhotel mit Swimmingpool nach **Giessbach.**

Gleich nach der Abzweigung geht es an den wildromantischen **Giessbacher Wasserfällen** vorbei — auf dem Wanderweg bergauf nach Iseltwald — nach 1,5 Kilometer passieren Sie eine Schranke — weitere 1,4 Kilometern später ist der Weg wieder asphaltiert — begrenzt durch die Felswände und den tief unten liegenden Brienzersee verläuft der Fahrweg wildromantisch nach Iseltwald — vorher ist noch bei einem 20%iges Gefälle Vorsicht geboten — an den

Interlaken

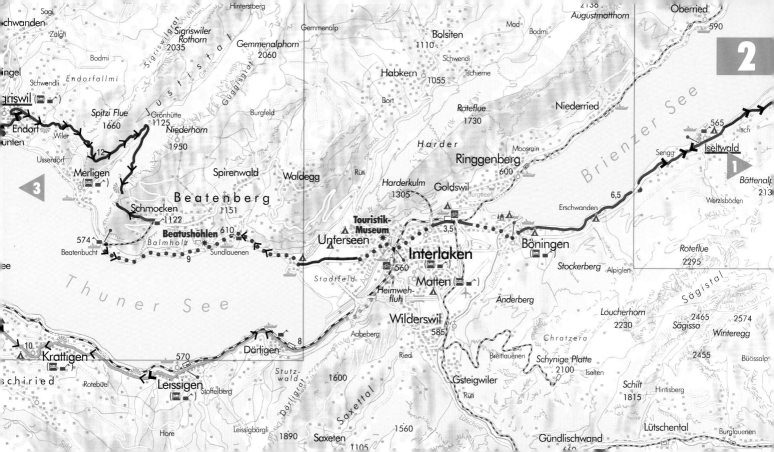

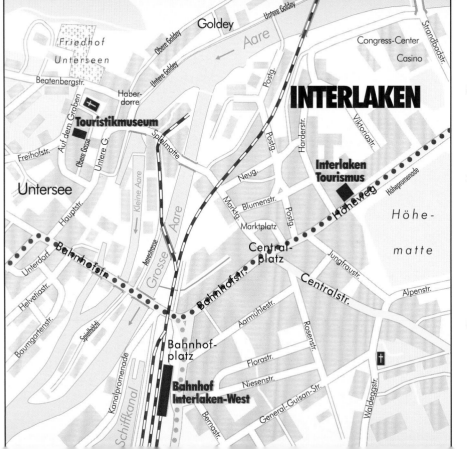

Campingplätzen vorbei ins idyllische Fischerdorf.

Iseltwald

⛴ **Thuner- und Brienzensee-Schiffahrt**, Schiffsbetrieb Thuner- und Brienzersee, ☎ 3345211, Betrieb von April bis Okt.

Vom See wieder hinauf auf die Anhöhen kurvenreich und mit einigen Steigungen versehen windet sich die schmale Landstraße durch die Ortschaft Sengg wieder hinunter zum See — die kommenden 3,5 Kilometer geht es dann direkt dem See entlang nach Bönigen, dessen reich geschmückte Oberländer Holzhäuser aus dem 16. Jahrhundert die Wahrzeichen des Ortes sind.

Bönigen

⛴ **Thuner- und Brienzensee-Schiffahrt**, Schiffsbetrieb Thuner- und Brienzersee, ☎ 3345211, Betrieb von April bis Okt.

Auf der Seestraße durch den Ort — an

der großen Kreuzung nach rechts in die Interlakenstraße einschwenken   1,5 Kilometer später nach rechts in die Untere Bönigstrasse   unter der Schnellstrasse hindurch zum Bahnhof Interlaken-Ost   auf dem Höheweg ins Zentrum von Interlaken   davor passieren Sie einige mondäne und luxuriös ausgestattete Hotels.

Interlaken

PLZ: 3800; Vorwahl: 033

🛈 **Interlaken Tourismus**, Höheweg 37, ☏ 8222121

⛴ **Thuner- und Brienzensee-Schiffahrt**, Schiffsbetrieb Thuner- und Brienzersee, ☏ 3345211, Betrieb von April bis Okt.

🏛 **Touristikmuseum der Jungfrau Region**, Obere G. 26, ☏ 8229839, ÖZ: Mai bis Mitte Okt. Di-So 14-17 Uhr.

Interlaken

Geschichte über die Entwicklung des Fremdenverkehrs der letzten 200 Jahre.

🏛 **Höhlenmuseum**, St.-Beatus-Höhlen bei Sundlauenen, ☏ 8411643, ÖZ: Palmsonntag bis Mitte Okt. 9.30-17 Uhr.

● **Modelleisenbahn-Treff**, Rugenparkstr. beim Bhf. Interlaken West, ☏ 8232555, ÖZ: Ende April bis Mitte Okt. tägl. 10-12 Uhr und 13.30-18 Uhr.

● **Modelleisenbahn-Heimwehfluh**, ☏ 8223453, ÖZ: April bis Okt. tägl. 9.30-17 Uhr.

● **Geführte Touren und Mountainbike-Verleih:**

Adventure World, ☏ 8267711
Maluco Move Center, Station Neuhaus, ☏ 8222259
Sport-Center-Interlaken, Höheweg 53, ☏ 8260000

Die einzigartige Lage im Zentrum des Berner Oberlandes zwischen dem Brienzer- und Thunersee spiegelt sich auch in der Namens-

werdung wider. Aus dem alten Namen „inter lacus", was soviel wie „zwischen den Seen" bedeutet, wurde im Laufe der Jahre das heutige *Interlaken*.

Der nach der Eiszeit von den Gletschern gebildete Wendelsee wurde im Laufe der Jahrtausende durch das Geschiebe der Aare in die heutigen zwei Seen getrennt. Auf der fruchtbaren, von der Aare durchflossenen 35 km² großen Talebene, dem sogenannten Bödeli, entstanden die Siedlungen Wilders-

Unterseen

19

Thunersee

wil, Bönigen, Matten, Untersee und als größter und bekanntester Ort Interlaken. Der entscheidende Impuls zur Entwicklung der Region kam von dem im 12. Jahrhundert gegründeten und 1133 erstmals erwähnten Augustinerkloster. Durch die Reformation wurde 1528 das Kloster aufgelassen und in der Folge zum Schloss und Sitz der Landvögte umgestaltet.

Ab der Mitte des 19. Jahrhunderts gewann der Tourismus durch den aufkommenden Alpinismus und die wunderbaren Stiche und Bilder der Bergwelt von Künstlern wie Franz Niklaus König, immer mehr an Bedeutung. Durch die Verkehrserschliessung mittels Schiff und Eisenbahn an Thun und Luzern Ende des 19. Jahrhunderts erlebte die Tourismuswirtschaft in den „goldenen Jahren" vor dem ersten Weltkrieg ihren Höhepunkt. Weder die Wirtschaftskrise noch der zweite Weltkrieg, konnten bis heute die führende Position des Tourismus entscheidend verändern.

Am Kreisverkehr vor dem Bahnhofplatz stehen Ihnen zwei Varianten für die Fahrt nach Spiez zur Wahl: Die eine führt am Südufer des Thunersees über Därlingen und Krattigen nach Spiez, die andere (Haupt-route) führt am Nordufer über Beatenberg und Gunten nach Spiez, wobei Sie von Gunten nach Spiez mit dem Schiff den See überqueren. Wenn jedoch eine längere Seefahrt mehr Ihrem Geschmack entspricht, so können Sie sich und Ihr Velo gleich per Schiff nach Thun bringen lassen.

VARIANTE AM SÜDUFER NACH SPIEZ   18 KM

Die Variante folgt am Kreisverkehr dem Velowegweiser nach Thun – am Bahnhof

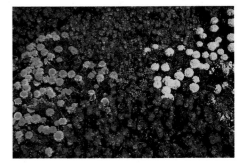

Interlaken-West, wo Kutschen zu einer Fahrt einladen, vorbei ～ auf der Rugenparkstraße verlassen Sie Interlaken ～ bei der Talstation der Heimwehfluhbahn nach rechts in die Därlingenstrasse ～ neben der Eisenbahn zur Schnellstrasse ～ dort beginnt ein Radstreifen ～ nach einem guten Kilometer rechts ab nach Därlingen.

Därlingen

Von Därlingen wieder zur Schnellstrasse mit dem Radstreifen ～ nach einem Kilometer zweigen Sie nach Leissigen ab ～ die Landstrasse führt kurvenreich und mit einigen Steigungen versehen nach Krattigen ～ während der Fahrt auf den Anhöhen bietet sich Ihnen eine schöne Sicht über den Thuner See dar.

Krattigen

Hinter Krattigen an der Kreuzung Richtung Spiez weiter ～ saftige Wiesen, zwei

Spiez

Campingplätze und schön gelegene Bauernhöfe bestimmen das Landschaftsbild der Anhöhe ～ vor Spiez bringt Sie die neue Betonbrücke über die Eisenbahn ～ geradeaus bis zum Bahnhof und dem Verkehrsbüro ∿ von dort ein Stück zurück ∿ nach links hinunter zur Hauptstrasse ∿ um zur Schiffs-station zu gelangen queren sie die Ober-landstrasse ∿ auf der Seestrasse zur Schiffs-station von Spiez.

Von Interlaken nach Beatenberg   9 km

Die Hauptroute folgt dem Wegweiser nach Gunten ∿ Sie queren die Bahn und die Aare ∿ dann links auf der Seestraße weiter durch den Ort **Unterseen** ∿ am Ortsende beginnt ein Radweg ∿ auf die Straße nach Gunten einbiegen ∿ der Rad-weg endet nach rund einem Kilometer ∿ die etwas verkehrsreiche Strasse schlängelt sich an den Fels geschmiegt am Nordufer dahin ∿ nach der Durchfahrt durch zwei Felstun-nels kommen Sie am Parkplatz mit dem Zugang zu den **Beatushöhlen** vorbei.

Wenn Sie die Höhlen besichtigen wollen, müssen Sie dies zu Fuß tun. Ein Steig führt

hinauf zum Höhleneingang.

Nach 3 Kilometern und dem Passieren zweier weiterer Felstunnels erreichen Sie die Talstation der Beatenbergbahn in **Beaten-bucht** ∿ Sie „verladen" sich und das Velo in die Bahn und gemeinsam geht es unbe-schwert hinauf nach Beatenberg.

Beatenberg

● **Thunersee-Beatenberg-Niederhorn-Bahnen**, Beaten-berg, ℰ 033/8410841, Preis- und Fahrplaninformation an der Kassa, Velomitnahme zusätzlich sFr 5,–

Von Beatenberg nach Spiez   13 km

Von der Bergstation auf der Landstrasse nach links ins Justistal ∿ nach 1,5 Kilometer durch einen knapp 300 Meter langen Fels-tunnel ∿ sehr schöner Wegverlauf zur **Grönhütte** auf 1125 Meter ∿ kurvenreich führt der asphaltierte Fahrweg durch das Justistal - auf der Justistalstraße kommen Sie hinunter nach Sigriswil.

Sigriswil

Von Sigriswil hinunter nach Gunten zum Schiffsverlad sind noch einige Kehren zu passieren ∿ Vorsicht bei der steilen Abfahrt! ∿ In Gunten wechseln Sie auf das Schiff und setzen nach **Spiez** über.

Gunten

⛴ **Thunersee-Schiffahrt**, Schiffsbetrieb Thuner- und Bri-enzersee, ℰ 3345211, Betrieb von April bis Okt.

Wenn Sie genügend Zeit haben, oder des Velos überdrüssig sind, können Sie mit dem Schiff direkt nach Thun fahren. Dabei soll-ten Sie unbedingt eine Zwischenstation in Oberhofen einlegen. Ein interessantes Mu-seum und das Schloss Oberhofen harren einer näheren Besichtigung.

Oberhofen

PLZ: 3653; Vorwahl: 033

🛈 **Thun-Tourismus Organisation**, Seestr. 2, ℰ 2222340
⛴ **Thunersee-Schiffahrt**, Schiffsbetrieb Thuner- und Bri-

Schloss Spiez

enzersee, ☎ 3345211, Betrieb von April bis Okt.

🏛 **Museum für Uhren und mechanische Musikinstrumente**, Wichterheer-Haus, ☎ 2434377, ÖZ: 10. Mai bis 31. Okt. Di-Sa 10-12 Uhr und 14-17 Uhr, So 10-17 Uhr.

🏛 **Sammlung Im Obersteg**, Wichterheer Gut, ☎ 2433038, ÖZ: Mitte Mai bis Mitte Okt. Di-Sa 10-12 Uhr und 14-17 Uhr, So 10-17 Uhr. Private Kunstsammlung mit Werken von Chagall, Soutine, Jawlensky, Picasso, Nolde, etc.

⛴ **Schloss Oberhofen**, Oberhofen, ☎ 2431235, ÖZ: Mitte Mai bis Mitte Okt. 10-12 Uhr und 14-17 Uhr, Mo Vormittag geschlossen. Der Bau aus dem 12. Jahrhundert wurde

in den folgenden 700 Jahren vielmals umgestaltet. Historischer Landschaftsgarten mit exotischen Gewächsen.

Sind Sie der Hauptroute treu geblieben, so gelangen Sie von der Schiffsstation Spiez auf der Seestrasse ins Ortszentrum.

Spiez

PLZ: 3700; Vorwahl: 033

🏢 **Verkehrsverein**, Bahnhofstr. 12, ☎ 6542138

⛴ **Thunersee-Schiffahrt**, Schiffsbetrieb Thuner- und Brienzersee, ☎ 3345211, Betrieb von April bis Okt.

🏛 **Heimat- und Rebbaumuseum**, Spiezbergstr. 48, ☎ 6547372, ÖZ: Mai bis Okt Mi, Sa und So 14-17 Uhr.

⛴ **Schloss Spiez**, Schloss Spiez, ☎ 6541506, ÖZ: Karfreitag bis Mitte Okt. 10-17 Uhr, Juli und Aug. 10-18 Uhr, Mo ab 14 Uhr. Zu dem aus dem 12. Jh. stammenden Schloss gehört auch die frühromanische Kirche und der Schlosspark.

Urkundlich wurde **Spiez** *bereits im Jahr 762 als erster Ort des Berner Oberlandes erwähnt. Das landschaftlich prachtvoll an einer Bucht am südlichen Ufer des Thuner*

See gelegene Spiez erhält durch die kleine Halbinsel mit dem reizvollen alten Schloss einen besonderen Akzent. Der Ort steigt amphitheatralisch, unterbrochen von Obstgärten und Weinbergen, zum Bahnhof hin empor. Überragt wird Spiez von der mächtigen Pyramide des **Niesen** *(2362 Meter), dem Hausberg des Ortes und einer der schönsten Aussichtsberge der Voralpen.*

VON SPIEZ NACH THUN   11 KM

Auf der Thunstrasse durch Spiez ⌇ beim Kreisverkehr in Spiezmoos links Richtung Riedern ⌇ in den Gesigenweg einbiegen ⌇ unter Bahn hindurch ⌇ danach rechts Richtung Einingen ⌇ immer auf der asphaltierter kleinen Landstrasse bleiben ⌇ in **Einingen** unter der Bahn hindurch ⌇ vor bis zur Hauptstrasse Thun/Spiez ⌇ ein Radstreifen bietet Ihnen genügend Schutz vor dem Verkehr Richtung Thun.

Im Ortsteil **Dürrenast** nach rechts in die

Seestrasse ∾ an Schloss Schadenau mit dem Schlosspark und der Scherzlikirche vorüber ∾ vor bis zum Schiffshafen und dem Bahnhofplatz ∾ dort dem Radschild nach Lerchenfeld folgen ∾ Sie können mit dem Velo die Busspur benützen ∾ beim Maulbeerplatz dem Velowegweiser 1 Bern-Lerchenfeld folgen ∾ auf der Aarestrasse bis zum Guisanplatz ∾ über die Aare zum Sternenplatz ∾ nach rechts in die Altstadt von Thun.

Thun

Vorwahl: 033, PLZ: 3600

- 🄸 **Thun-Tourismus Organisation**, Seestr. 2, ✆ 2222340
- 🛥 **Thunersee-Schiffahrt**, Schiffsbetrieb Thuner- und Brienzersee, ✆ 3345211, Betrieb von April bis Okt.
- 🏛 **Kunstmuseum** im Thunerhof, Hofstettenstr. 14, ✆ 2258420, ÖZ: Di-So 10-17 Uhr, Mi 10-21 Uhr. Werkstücke der Schweizer Pop Art; Malerei, Plastik und Objekte des 20. Jh.
- 🏰 **Schloss Thun mit Schlossmuseum**, Schlossberg 1,

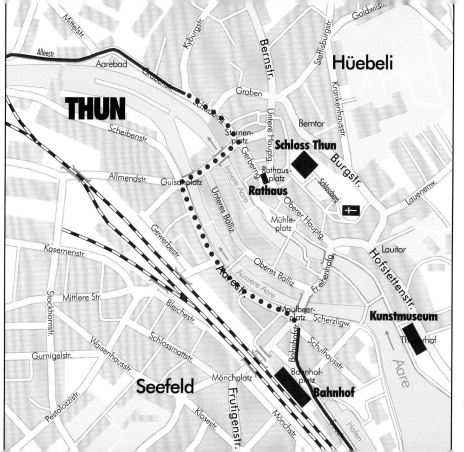

✆ 2232001, ÖZ: Weihnachten, Neujahr, Feb, März 13-16 Uhr, April, Mai, Okt. 10-17 Uhr, Juni bis Sept. 9-18 Uhr. Im imposanten Schlossturm aus dem 12. Jh. ist die über 2000 Jahre kulturelle Entwicklung der Gegend dargestellt.

🏛 **Schloss Schadau**, Seestr.; Bedeutender Schlossbau der Romantik mit ausserordendlichem Formenreichtum.

🏛 **Schloss Hünegg**, Hilterfingen, ✆ 2431982, ÖZ: Mitte Mai bis Mitte Okt. Di-Sa 14-17 Uhr, So 10-12 Uhr und 14-17

🏛 **Scherzligkirche**, Seestr.; Einzigartige Kirche aus dem 10. Jh. mit hochgotischen Chor und Turm.

● **Wocher-Panorama**, Pavillon im Schadau Park, ✆ 2232462, ÖZ: 1. Mai bis 1. Nov 10-17 Uhr, Juli und Aug. 10-18 Uhr, Mo geschlossen. Das von Marquard Wocher 1809-14 geschaffene Rundbild der Stadt ist das älteste erhaltene Panorama der Welt.

Das malerisch alte Thun ist heute mit seinen rund 40.000 Einwohnern die größte Stadt rund um den Thuner See. Die ersten Anzeichen einer ständigen Besiedlung in der Region lassen sich bereits 2500 Jahre vor Christus nachweisen. Der Name Thun geht

Thun

auf die keltische Bezeichnung „dunum" zurück, was einen mit Palisaden befestigten Hügelort beschreibt. Das Wahrzeichen der Stadt, der bis heute vollständig erhaltene, imposante Bergfried mit den vier Erkertürmen auf dem Schlossberg, wurde zwischen 1180 und 1190 von den Herzögen von Zähringen errichtet. Danach ging er im Jahr 1218 in den Besitz der Grafen von Kyburg über. Schließlich übernahm die Stadt Bern 1384 das markante Bauwerk als Sitz der Landvögte.

Von thun nach Solothurn

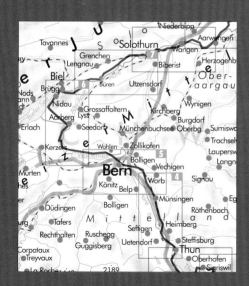

Im zweiten Abschnitt ändern sich die landschaftlichen Charaktere gegenüber den vorhergehenden: Die Aare wird wieder zu Ihrem ständigen Begleiter und die hochalpine Landschaft geht fließend ins hügelige Berner Mittelland und später ins Bieler Seenland über. Die Bundeshauptstadt Bern mit ihren kilometerlangen Fußgängerarkaden bildet den kulturellen und sehenswerten Höhepunkt des Abschnittes. Aber auch das mittelalterliche Büren oder das barocke Solothurn sind sehenswert. Zu den landschaftlichen Schönheiten wohl zählt auch der Wohlensee und das Naturschutzgebiet Witi.

Der Radweg verläuft von Thun bis Bern immer im Nahbereich der Aaare. Von Aarberg bis Biel verläßt er für einige Zeit den Aarelauf. Ab Büren folgen Sie bis Solothurn wieder der Aare. Steigungen sind keine zu bewältigen und nur entlang des Wohlensees ist der Weg unbefestigt aber gut befahrbar.

27

VON THUN NACH BERN   35 KM

Vom Sternenplatz in Thun geht es der Schwäbisgasse entlang ~ nach 200 Meter links in die Grabenstrasse ~ am Aarebad vorbei ~ auf der Alleestrasse der Aare entlang ~ dann über die Bahn ~ ein unbefestigter Uferweg führt danach aus Thun hinaus.

Bei der Siedlung **Schwäbis** über einen Steg ans andere Aareufer ~ auf dem unbefestigten Uferweg weiter der Aare entlang ~ begleitet wird der Weg von den Geleisresten einer stillgelegten Schmalspurbahn ~ 2,5 Kilometer hinter der letzten Brücke wieder über die Aare ~ auf der kommenden Eisenbahnbrücke müssen Sie Ihr Velo schieben ~ dann unter der Eisenbahn hindurch ~ bald darauf auch unter der Autobahn ~ nach 1,5 Kilometer erreichen Sie Kiesen.

Kiesen

🏛 **Nationales Milchwirtschaftliches Museum**, Bernstr., ☎ 031/7811844, ÖZ: 1. April bis 31. Okt. tägl. 14-17 Uhr. Ausstellungen über die Milch- und Käsetradition der Schweiz.

In Kiesen kreuzen Sie die Vorrangstraße ~ inmitten weiter Wiesen und Felder des breiten Aaretals geht es weiter nordwärts ~ nach der Eisenbahnquerung auf der Austrasse bis **Stockeren** ~ an der Vorrangstraße rechts ~ nach 50 Meter links Richtung Münsingen ~ Birkenweg und Rütiweg führen Sie wieder durch die Felder.

Vor Münsingen nach links ~ bei dem Dressurplatz nach rechts ~ neben einem Gerinne durch eine Reihenhaussiedlung von Münsingen ~ die nächste Ziele geben die Wegweiser nach Hunzigen und Muri vor ~ vom Inneren Giesenweg auf den Äusseren Giesenweg ~ weiter durch die Wohnsiedlung ~ über eine Brücke zur Walkestrasse ~ danach links abbiegen ~ hinter der Psychiatrischen Klinik vorbei ~ an der Weggabel danach geht es rechts nach **Münsingen** ~ der Aare-Radweg führt jedoch nach links weiter.

Münsingen

In nördlicher Richtung nach Hunzigen ~ Vorsicht beim Queren des Autobahnzubringers ~ weiter zu den Häusern von **Kleinhöchstetten** ~ an der Kreuzung mit der Bundesstraße nach rechts ~ gleich darauf nach links in die Schwarzbachstrasse ein-

schwenken ∾ vor Vielbringen geht es in den Wald hinein ∾ in **Vielbringen** auf der asphaltierten Straße bleiben.

Hinter der Eisen-bahnunterführung links ∾ nach der Au-tobahnüberführung in die Tannacher-strasse ∾ weiter dem Wegweiser nach Bern folgen ∾ danach abermals links ab und in den Lerchenweg einbiegen ∾ 500 Meter weiter rechts ∾ 150 Meter später links unter der Autobahn hindurch.

Muri

An der Kreuzung in **Muri** entlang der Straßenbahn zur Muristrasse ∾ diese nach 150 Meter nach links verlassen ∾ 300 Meter später rechts in die Dunantstrasse ∾ 250

Bern

Meter weiter links ab in den Buchenweg über Villettengässli und Manuelstrasse zur Egghölzlistrasse ∾ auf der Brunn-adernstrasse stadt-einwärts ∾ wo die Straße nach rechts schwenkt links ab Richtung **Dählhölzli** ∾ hinter den Tennisplätzen vorbei geht es auf dem Radweg zum Thunplatz ∾ geradeaus auf der Jungfraustrasse und Marienstrasse zum Helvetiaplatz ∾ über die Kirchenfeld-brücke mit Blick auf das Parlamentsgebäude in die Innenstadt von Bern ∾ vom Casino-platz führt die Amthausgasse zum Bundes-platz.

Bern

PLZ: 3001; Vorwahl: 031

🛈 **Bern Tourismus**, Bahnhof, ✆ 3116611

🏛 **Kunstmuseum**, Hodlerstr. 8-12, ✆ 3110944, ÖZ: Di 10-21 Uhr, Mi bis So Di 10-17 Uhr; bernische und schweizeri-sche Kunst vom Mittelalter bis zur Neuzeit; weltweit bedeu-tendste Sammlung von Paul Klee.

🏛 **Kunsthalle**, Helvetiapl. 1, ✆ 3510031, ÖZ: Di 10-21 Uhr, Mi bis So 14-17 Uhr; wechselnde Ausstellungen zeitgenös-sischer Malerei, Bildhauerei und Graphik.

🏛 **Historisches Museum**, Helvetiapl. 5, ✆ 3507711, ÖZ: Di-So 10-17 Uhr. Zu sehen sind ur- und kunstgeschichtliche, historische und ethnographische Sammlungen.

🏛 **Naturhistorisches Museum**, Bernastr. 15, ✆ 3507111, ÖZ: Mo 14-17 Uhr, Di-Sa 9-17 Uhr, So 10-17 Uhr; reich-haltige Tier-, Petrefakten- und Mineraliensammlung.

🏛 **Einstein-Haus**, Kramg. 49, ✆ 3120091, ÖZ: Di-Fr 10-17 Uhr, Sa 10-16 Uhr, Jan. und Dez. geschl.; Wirkungsstätte von Albert Einstein

🏛 **Alpines Museum**, Helvetiapl. 4, ✆ 351 0434, ÖZ: Mo 14-17 Uhr, Di-So 10-12 Uhr und 14-17 Uhr, Mitte Mai bis Mitte Okt. über Mittag geöffnet; Übersicht über alle Gebiete des Alpinismus und der alpinen Geographie.

🏛 **Museum für Kommunikation**, Helvetiastr. 16, ✆

3575555, ÖZ: Di-So 10-17 Uhr. Dokumentation über die Entwicklung des Post- und Nachrichtenwesens der Schweiz; umfangreiche Briefmarkensammlung

🏛 **Schützenmuseum**, Bernastr. 5, ✆ 3510127, ÖZ: Di-Sa 14-16 Uhr, So 10-12 Uhr und 14-16 Uhr; Geschichte der Schweizer Schützenfeste; Entwicklung der Hand- und Faustfeuerwaffen.

🏛 **Schweizerisches Literaturarchiv**, Hallwylstr. 15, ✆ 3228911, ÖZ: Mo-Fr 9-18 Uhr, Mi 9-20 Uhr, Sa 9-16 Uhr; Wechselausstellungen zu literarischen und bibliothekarischen Themen.

🏛 **Bundeshaus**, Bundespl.; Führungen werktags 9, 10, 11, 14, 15, 16 Uhr und So 10, 11, 14, 15 Uhr. Der palastähnliche Bau der Schweizer Bundesregierung im florentinischen Renaissancestil besteht aus West- und Ostgebäude, die durch den Mittelbau des Parlamentsgebäudes verbunden sind.

🏛 **Berner Münster**, Münsterpl.; Markantestes Merkmal spätgotischen Münsters von 1421 ist der 100 Meter hohe Turm, dem höchsten der Schweiz, der 1893 vollendet wurde. ÖZ: Ostersonntag bis Ende Okt Di-Sa 10-17 Uhr, So 11-17 Uhr, Nov. bis Karsamstag Di-Sa 10-12 Uhr und 14-16 Uhr, So

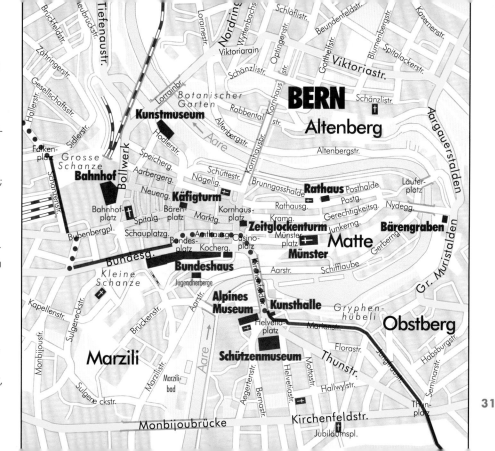

11-14 Uhr.

- 🏛 **Rathaus**, Rathausg.; Das 1406-1417 errichtete spätgotische Rathaus ist einer der schönsten schweizerischen Profanbauten des 15. Jh.

- 🏛 **Zytgloggeturm** (Zeitglockenturm), Kornhauspl., Führungen tägl. 1. Mai bis 31. Okt. 16.30-17.15 Uhr. Im Torturm der ersten Stadtbefestigung ist das weltberühmte Uhrwerk mit dem Figurenspiel von 1530 alle drei Minuten vor Ablauf der Stunde zu bewundern.

- 🏛 **Käfigturm**, Bärenpl.; Der Torturm der zweiten Stadtmauer erhielt seine heutige Form im Jahr 1643.

- 🏛 **Lauben**; Die beiderseitig der Altstadtgassen in die Häuser einbezogenen, durchgehend rund 6 Kilometer langen Arkaden, prägen bis heute das einheitliche, mittelalterliche Straßenbild.

- 🏛 **Bärengraben**, Muristalden, ÖZ: Sommerzeit 8-18 Uhr, Winterzeit 9-16 Uhr; Im Stadtgraben wird seit dem 15. Jh. das Wappentier Berns gehalten.

- 🏛 **Tierpark Dählhölzli**, Tierparkweg 1, ☎ 3571515, ÖZ: jederzeit geöffnet, Vivarium: Sommer 8-18.30 Uhr, Winter 9-17 Uhr.

- 🏛 **Botanischer Garten**, Altenbergrain 21, ☎ 6314945, ÖZ:

Freiland: Mo-Fr 7-18 Uhr, Sa, So 8-17 Uhr, Schauhäuser: Mo-So 8-11.30 Uhr und 14-17 Uhr; Palmenhaus, Arboretum, alpine Pflanzen vom Himalaya bis zu den Pyrenäen.

- 🏛 **Elfenau-Stadtgärtnerei**, Elfenauweg 94, ☎ 3520713, ÖZ: Schauhaus: Mo-Sa 8-17 Uhr, So 8-16.30 Uhr; oberhalb der Aare gelegener Landsitz des 18. Jh. mit großem Park und Orangerien.

Bern wurde im Jahr 1191 durch Herzog Berchtold V. von Zähringen gegen die mit ihm verfeindeten Ritterschaft Hochburgund gegründet. Der Name der Stadt, so will es die Legende, wurde zu Ehren des ersten Tieres, das von dem Gründer Berchtold V. bei seiner Jagd in diesem Gebiet erlegt wurde, gewählt. Es handelte sich um einen Bären, der im lokalen Dialekt als „Bärn" = Bern, bezeichnet

Bern

wurde. Bereits im Jahre 1224 zeigt das älteste Stadtsiegel einen aufwärtsschreitenden Bären.

Durch Landkäufe und Bündnisverträge dehnte Bern seine Macht Ende des 13. Jahrhunderts auf die umliegenden Regionen immer mehr aus. Damit kam Bern mit der Zeit in einen Konflikt mit den ebenfalls immer mächtiger werdenden Habsburger. 1324 verbündete sich Bern mit den ebenfalls bedrohten Waldstätten in der Zentralschweiz gegen die Habsburger und schlugen diese am 21. Juni 1339 bei Laupen vernichtend. Somit war Bern die größte Macht im Schweizer Raum geworden.

Als achtes Glied trat Bern 1353 der Eidgenossenschaft bei. Durch den Krieg gegen Karl den Kühnen, der durch die Schlacht bei Mur-

ten am 22. Juni 1476 siegreich beendet wurde, wurde Bern und mit ihm die Eidgenossenschaft eine europäische Macht. Unter dem Einfluss des Predigers Berchtold Haller wandte sich Bern der Reformation zu. Ab nun erlebte die Stadt auf der Höhe ihrer Macht bis knapp 1800 eine relativ geruhsame Zeit.

In den Jahren der napoleonischen Wirren bewahrte sich Bern eine gewisse scheinbare Selbständigkeit. Der Wiener Kongress 1815 brachte schließlich Bern wieder seine Patrizierregierung zurück, musste jedoch auf das Waadt und den Aargau, die selbständige Kantone wurden, verzichten. Als Entschädigung dafür erhielt Bern im Jura das Bistum Basel. 1838 übernahm eine Volksregierung die Macht und

Tuftgrabensteg

1848 wählten die Schweizer Bern zum ständigen Sitz der Bundesregierung.

Heute fasziniert die romantische Bundesstadt durch ihr einzigartiges mittelalterliches Stadtbild, das in der erlesenen Liste der UNESCO-Kulturgüter seine Aufnahme fand. Die rund sechs Kilometer langen Arkaden der Innenstadt sind eine der längsten, wettergeschützten Einkaufspromenaden Europas.

VON BERN NACH AARBERG 30 KM

Vom Bundesplatz zur Bundesgasse ∼ auf dem Radstreifen bis zur Kreuzung mit der Effingerstrasse ∼ über den Hirschengraben zum Bubenbergplatz ∼ nach rechts ginge es über den Bahnhofplatz zum **Hauptbahnhof**.

Die Hauptroute setzt sich auf der bergan

führenden Schanzenstraße fort ∼ auf der Länggassstrasse verlassen Sie Bern ∼ 500 Meter hinter der Autobahnüberführung nach links in den Bremgartenwald ∼ Sie folgen immer dem asphaltierten Fahrweg mit der gelben Mittelmarkierung ∼ vor der Siedlung **Kapellenring** stoßen Sie auf die Strasse nach Wohlen ∼ dieser Richtung Wohlen folgen ∼ beim Kreisverkehr in Hinterkappelen links in die Hofenstraße.

Am Wohlensee

Wohlensee

Hinterkappelen

An den Hochhäusern der großen Wohnsiedlung vorüber ～ bis zu den Häusern von Hofen ist die schmale Landstraße asphaltiert ～ dann hinunter zum **Wohlensee** - parallel zum See weiter nach Westen ～ schließlich kommen Sie in den Wald hinein ～ hier ist eine 10%ige Steigung zum **Tuftgrabensteg** zu überwinden ～ danach müssen Sie Ihr Rad hinauf bis zum Weiler **Steinisweg** schieben, wo Sie frische Früchte und Getränke direkt am Bauernhof erstehen können.

In Steinisweg geradeaus zur nächsten Weggabelung ～ Sie behalten die westliche Richtung bei ～ kurvenreich führt die schmale Landstraße zum **Kraftwerk Mühleberg** ～ über die Staumauer können alle die weniger als 7 Tonnen wiegen die Aare überqueren ～ danach über einen Hügel zur Nebenstrasse ～ diese führt direkt auf das Kernkraftwerk zu ～ vor diesem halblinks in den unbefestigten Fahrweg nach Rewang einbiegen ～ nun wird das Kernkraftwerk umfahren ～ dann neben der Aare bis zum **Saanesteg** ～ dahinter Sie folgen den Radschildern nach Golaten.

Aarberg

Golaten

Dieser Ort besteht ausschließlich aus Bauernhöfen ～ deshalb führt der Weg auch mitten durch einen hindurch ～ am Ortsende Richtung Aarberg weiter ～ die schmalen Landstraße schlängelt sich ziemlich hügelig rund um den Riederberg bis nach Niederried ～ beim Gasthof Rössli macht die Straße eine Linkskurve ～ 150 Meter danach zweigen Sie links ab.

Niederried

Die anschließende Fahrt durch die Wälder von Bargenholz nach **Bargen** ist besonders reizvoll ～ in Bargen auf der Hauptstraße über die Aare ～ durch die Alte Holzbrücke

35

geht es über die Alte Aare auf den Hauptplatz von Aarberg.

Aarberg

PLZ: 3270; Vorwahl: 032

🛈 **Verkehrsverein**, Stadtpl. 12, ☎ 3923231

BIEL/BIENNE SEELAND

Nördlich von Bern, genauer gesagt nach dem Zusammenfluss von Saane und Aare, durchzieht die Aare einen östlich des Neuenburger-, Murten und Bielersees gelegenen sanft hügeligen Landstrich mit breiten Ebenen. Das **Seeland** erstreckt sich im Bereich der Aare von Kerzers über Aarberg und Biel/Bienne bis nach Büren.

Die Landschaft ist ein Präsent der Ablagerungen des nach der letzten Eiszeit, etwa 10.000 vor Christus, entstandenen großflächigen Sees der sich von Neuchâtel bis nach Solothurn erstreckte. Die Senkung des Wasserspiegels, die periodischen Stauungen der Aare und nicht zuletzt der menschliche Eingriff in die Natur hat die heutige Form des Seensystems hervorgebracht. Kaum eine andere schweizer Region wurde durch Menschenhand derart von einer Natur- in eine Kulturlandschaft umgestaltet.

Die lebensbedrohenden Überschwemmungen und die Versumpfung waren in den letzten Jahrhunderten das Hauptproblem für Mensch und Tier. Abhilfe schafften die beiden Juragewässerkorrektionen. Bei der ersten Korrektion von 1869 bis 1878 wurde die verzweigte und gewundene Aare mit ihren periodischen Hochwasser gezähmt. Durch den Durchstich eines Kanals, dem Aare-Hagneck-Kanal zwischen Aarberg und Hagneck, wurde das Wasser der Aare

Saanesteg

nunmehr dem Bielersee zugeführt. Auch die Errichtung des Nidau-Büren-Kanals bändigte die unberechenbare Aare.

Diese Eingriffe führten jedoch mit der Zeit zu einer weiteren Versumpfung, so dass eine zweite große Korrektion der Juragewässer notwendig wurde. Zwischen 1962 und 1972 stabilisierte man die Seespiegel der drei Seen, wodurch die fürs Seeland charakteristischen Binnenkanäle von insgesamt 120 Kilometer Länge entstanden.

Heute erinnert der gewundene Flusslauf der sogenannten Alte Aare mit den zahlreichen idyllischen Weihern und Feuchtgebieten, wie das Häftli bei Büren, nicht einmal annähernd an die einstigen verheerenden Überschwemmungen.

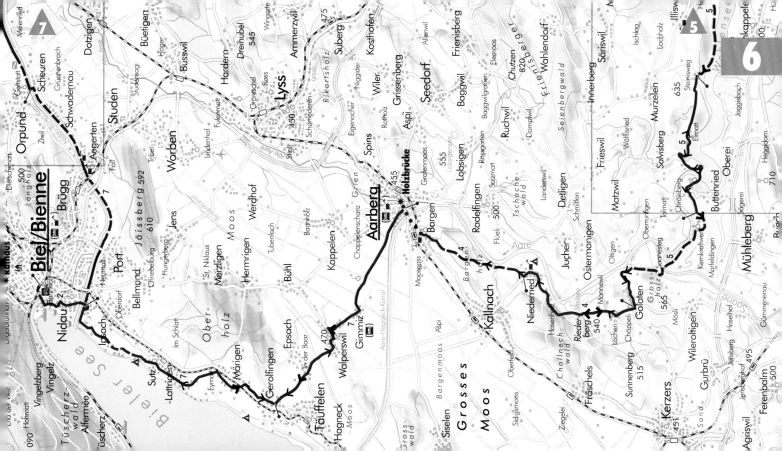

VON AARBERG NACH BIEL/BIENNE   16 KM

Durch die alte Holzbrücke verlassen Sie Aarberg ∼ an der Kreuzung folgt die Hauptroute den Wegweisern des Radweges Richtung Biel und Walperswil ∼ 200 Meter darauf von der Hauptstraße links ab ∼ auf der Nebenstraße geht es über Gimmiz nach **Walperswil** ∼ als nächstes Ziel ist auf den Radschildern Gerolfingen angegeben.

Durch Walperswil folgen Sie dem Straßenverlauf ∼ bei den Häusern von der Siedlung In der Baar dürfen Sie die Abzweigung nach rechts nicht versäumen ∼ vor der Hauptdurchzugsstraße von Gerolfingen rechts ab in eine Nebengasse ∼ schließlich kommen Sie dennoch zur Hauptstraße ∼ ein Radweg nimmt Sie bis vor Möringen auf.

Gerolfingen

Vor Möringen weiter Richtung Sutz-Latringen ∼ Sie queren die Schmalspurbahn ∼

Aareidylle

steil hinunter zum Bieler See ∼ auf der Unterdorfstrasse weiter ∼ Wegweiser zum Campingplatz beachten ∼ dann in die Eymattstrasse ∼ unzählige Bauernhöfe und Einfamilienhäuser begleiten Sie auf der Seestrasse durch die langgezogene Ortschaft **Sutz-Latringen**.

An der Weggabelung mit der Bank und dem Laubbaum links halten ∼ Richtung Nidau-Biel weiter ∼ auf dem Moosweg zum Campingplatz ∼ danach sind Sie für etwa 500 Meter auf einem Schotterweg unterwegs

∼ hinter Ipsach an den ausgedehnten Sportanlagen von Nidau vorbei.

Nidau

Am Nidau-Büren-Kanal versperrt ein Pfosten PKWs die Fahrt ∼ neben dem Kanal geht es bis zur ersten Brücke.

Wenn Sie Biel/Bienne nicht besuchen, sondern gleich der Hauptroute treu bleiben, so folgen Sie geradeaus dem Radweg. Der Radweg Nummer 1 bringt Sie hingegen ins Zentrum von Biel.

Um nach Biel/Bienne zu gelangen vor der Brücke nach links hinauf ∼ über den Kanal ∼ auf der Dr.-Schneider-Strasse gut 500 Meter bis zum Flösserweg ∼ in diesen einbiegen ∼ über Erlenstrasse und Uferweggeht es am Strandbad vorbei zur **Schiffsstation** von Biel ∼ auf der Badhausstrasse ins Zentrum von Biel ∼ hinter der Bahnunterführung beginnt rechts der Bahnhofplatz.

Biel/Bienne

PLZ: 2501; Vorwahl: 032

ℹ️ **Tourismusbüro**, Bahnhofplatz, 📞 3227575

🚢 **Bielersee-Schiffahrts-Gesellschaft**, Badhausstr. 1, 📞 3223322, Fahrplaninfo 📞 3222222; Bielersee Rundfahrten (5. April bis 31. Mai), Drei-Seen-Fahrt (1. Juni bis 21. Sept.), Aarefahrt (1. Juni bis 21. Sept.)

🏛 **Museum Schwab**, Seevorstadt 50, 📞 3227603, ÖZ: Di-Sa 10-12 Uhr und 14-17 Uhr, So 11-17 Uhr; Museum für Ur- und Frühgeschichte; neolithische und bronzezeitliche Funde aus den Siedlungen an den Schweizer Seen; römische Funde.

🏛 **Museum Neuhaus**, Schüsspromenade 26, 📞 3287030, ÖZ: Di-So 11-17 Uhr, Mi 11-21 Uhr; Kunst und Geschichte der Umgebung.

🏰 **Rathaus**; Der sehenswerte spätgotische Bau von 1530 ist heute Sitz des Stadtrates.

*Durch die Lage an der unmittelbaren deutsch/französischen Sprachgrenze ist **Biel/Bienne** die einzige Stadt in der Schweiz die offiziell zweisprachig ist. So sind zum Beispiel alle Straßenschilder zweisprachig ange-*

schrieben. Das Gemisch der beiden Sprachen schuf eine in der Stadt fühlbare lockere Mentalität der Menschen.

Die Gegend um Biel/Bienne war seit dem Jahr 999 im Besitz der Basler Kirchenfürsten. Die Stadt selbst wurde erst um das Jahr 1225 vom Fürstbischof von Basel gegründet. Während fast sechs Jahrhunderte bestimmten die Basler Bischöfe die Entwicklung der Stadt. Der Sage nach vermachte König Rudolf III. von Burgund weite Teile seines Reiches und die Stadt Biel/Bienne in Erwartung des Weltuntergangs und der Hoffnung auf ein besseres Leben im Jenseits den obersten Kirchenherren.

Nach den Burgunderkriegen gegen Karl den Kühnen im 15. Jahrhundert, wurde Biel/Bienne seit 1500 regelmäßig zu den eidgenössischen Tagsatzungen eingeladen. Die napoleonischen Kriege brachten es mit sich, dass 1798 Biel/Bienne von den Franzosen besetzt wurde und so bis 1815 zur französischen Republik gehörte. Nach den Beschlüssen des Wiener Kongresses wurde die Stadt in den Kanton Bern eingegliedert und gelangte somit endgültig zur Eidgenossenschaft.

Projekt zur Erhaltung und Förderung einer einmaligen Landschaft.

Willkommen in der Witi!
Aareebene, Grenchen bis Solothurn.

Heute zählt Biel/Bienne über 60.000 Einwohner die sich aus knapp zwei Drittel deutsch- und einem guten Drittel französisch sprechender Bürger zusammensetzt. Als schweizer Metropole der Uhrenindustrie, Firmen wie Omega, Rolex und Swatch sind hier beheimatet, genießt Biel/Bienne heute einen weltweit hervorragenden Ruf.

Über die Schiffsstation und Dr.-Schneider-Strasse wieder zur Brücke über den Nidau-Büren-Kanal ~ an dessen Südseite parallel dazu auf dem Radweg Richtung Büren ~ hinter der Brücke beim Ortsteil **Port** geht die Bürenstrasse ab dem Schießstand in einen Schotterweg über ~ bis zur Gottstattbrücke bei Scheuren bleibt die Route immer neben dem Kanal ~ bei Scheuren über die Brücke ans andere Ufer.

Scheuren

Ab Scheuren in bewährter Weise neben dem Kanal nach Büren ~ ab der Kläranlage ist der breite Fahrweg wieder asphaltiert ~ auf der Kanalstrasse am Sportplatz des FC Büren und der Ziegelei vorüber ~ vor der Brücke bei Schüren links ~ gleich wieder rechts ~ über einen mit Betonplatten ausgelegten Steg über die Alte Aare ~ am

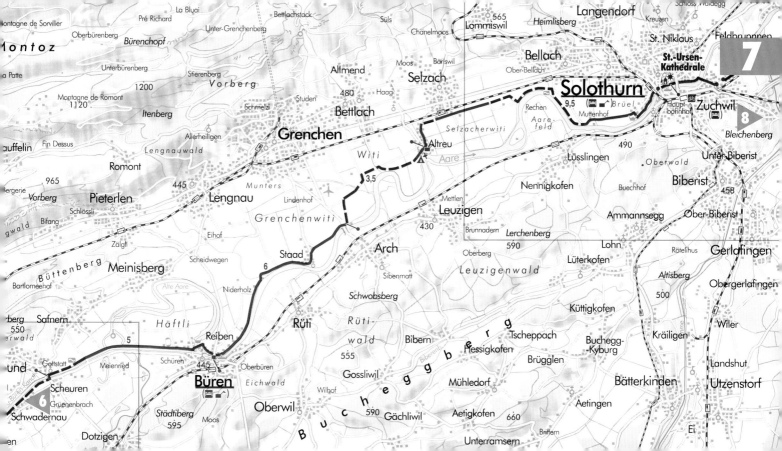

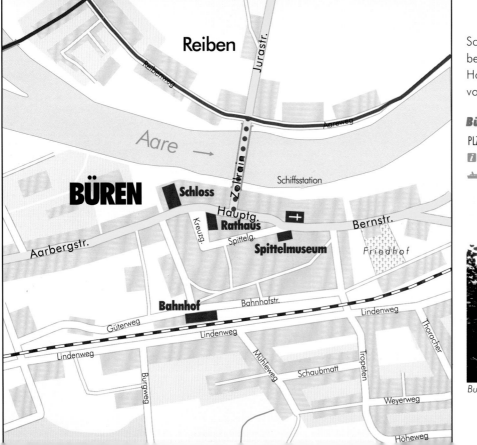

Schwimmbad vorbei — dann auf dem Reibenweg bis zur Jurastrasse — durch die Holzbrücke gelangen Sie in die Innenstadt von Büren.

Büren an der Aare

PLZ: 3294; Vorwahl: 032

🛈 **Verkehrsverein**, Kreuzg. 8, ✆ 812707

⛴ **Bielersee-Schiffahrts-Gesellschaft**, Badhausstr. 1, ✆ 3223322, Fahrplaninfo ✆ 3222222; Aarefahrt (1. Juni bis 21. Sept.)

Buren

⛪ Rathaus mit gotischer Fensterfront.

🏛 Spittelmuseum, Spittelg., ✆ 3512130 oder 3513166, ÖZ: Besichtigung nach Anmeldung; Heimatmuseum

In der Gegend von Büren errichteten bereits die Römer eine große Handels- und Militärstraße von Petinesca nach Salodurum und Vindonnissa.

Die heute rund 3200 Einwohner zählende Gemeinde **Büren** wurde im Jahr 1185 erstmals urkundlich erwähnt. Heinrich I. von Strassberg bestätigte später mit einer Handfeste das 1260 verliehene Stadtrecht. In den folgenden 100 Jahren standen die Bürger von Büren mehrmals unter Einfluss neuer Stadtregenten. Schließlich hatten ab 1393 die Berner für knapp 400 Jahre die Regentschaft der mittelalterlichen Kleinstadt übernommen. Die Bärentatze im Stadtwappen versinnbildlicht heute noch den Einfluss der alten Republik Bern.

1798 fielen die napoleonischen Truppen ins Mittelland ein. Die Berner Truppen setzten daraufhin die alte Holzbrücke über die Aare in Brand, konnten jedoch weitere Eroberungen der Franzosen nicht verhindern. Die bereits achte Holzbrücke aus dem Jahr 1823 fiel 1989 abermals einem Brandanschlag zum Opfer. Die heutige neue Holzbrücke, eines der Wahrzeichen Bürens, wurde 1991 feierlich eröffnet.

VON BÜREN NACH SOLOTHURN   19 KM

Durch die Holzbrücke ans nördliche Ufer des Kanals — dann flussabwärts nun wieder der Aare entlang — auf der Bürenstrasse nach **Staad** — dort in die Reiherstrasse nach rechts abzweigen — in Höhe von **Arch** sticht die futuristische Bogenbrücke neben den anderen heraus — Sie bleiben am nördlichen Ufer — die Radschilder des Solothurner Rad-

Buren

wanderweges 1 führen Sie sicher durch das **Naturschutzgebiet Witi** ins Storchendorf Altreu mit dem Gasthof Zum grünen Affen.

Altreu

In Altreu der neu asphaltierten Straße folgen ◦ vor der Eisenbahn bei **Selzach** nach rechts ◦ parallel zur Bahn geht es durch die Felder Namens Selzacherwiti anschließend wieder zur Aare ◦ rund einen Kilometer weiter umfahren Sie die Kläranlage bei **Bellach** ◦ beim Muttenhof ist der Fahrweg wieder asphaltiert.

Auf der Hans-Huber-Strasse durch die Vororte von Solothurn ◦ beim Sportzentrum nach rechts zur Aare ◦ auf der Römerstrasse stadteinwärts ◦ unter der Bahn hindurch ◦ an der Kreuzung am Storchenplatz geradeaus auf den für Kfz gesperrten Landhausquai weiter ◦ dann auf der Fischergasse bis zur Kreuzackerbrücke.

Solothurn

PLZ: 4500; Vorwahl: 032

ℹ️ **Region Solothurn Tourismus**, Hauptg. 69, ☎ 6221515

ℹ️ **Solothurner Tourismusverband**, Hauptg. 54, ☎ 6224959

🚢 **Bielersee-Schiffahrts-Gesellschaft**, Badhausstr. 1, ☎ 3223322, Fahrplaninfo ☎ 3222222; Aarefahrt (1. Juni bis 21. Sept.)

🏛 **Kunstmuseum**, Werkhofstr. 30, ☎ 6222307, ÖZ: Di-Sa 10-12 Uhr und 14-17 Uhr, Do 10-12 Uhr und 14-21 Uhr, So 10-17 Uhr; Schweizer Kunst des 19. und 20. Jh.; Graphisches Kabinett.

🏛 **Naturmuseum**, Klosterpl. 2., ☎ 6227021, ÖZ: Di-Sa 14-17 Uhr, Do 14-21 Uhr, So 10-12 Uhr und 14-17 Uhr. Natur und Umwelt werden hier auf anschauliche Weise dargestellt.

🏛 **Historisches Museum Blumenstein**, Blumensteinweg 12, ☎ 6225470, ÖZ: tägl. außer Mo 14-17 Uhr, So 10-12 Uhr und 14-17 Uhr; Ausstellungen patrizischer Wohnkultur des 18 Jh.; historische Musikinstrumente, Glasgemälde und Porträts, Ambassadorenkrippe; im Pächterhaus ur- und frühgeschichtliche Sammlung.

Solothurn

🏛 **Museum Altes Zeughaus**, Zeughauspl. 1, ☎ 6233528, ÖZ: Mai bis Okt. Di-So 10-12 Uhr und 14-17 Uhr, Nov bis April Di-Fr 14-17 Uhr, Sa und So 10-12 Uhr und 14-17 Uhr; bedeutende Rüstungs- und Waffensammlung, einer der reichsten Uniformsammlungen der Schweiz.

🏛 **Kosciuszko-Museum**, Gurzelng. 12., ☎ 6228380, ÖZ: Sa und So 14-16 Uhr, sonst nach Vereinbarung; Sterbezimmer des 1817 gestorbenen polnischen Freiheitshelden mit Ausstellung von Andenken.

🏛 **Museum Schloss Waldegg**, Feldbrunnen-St. Niklaus, ☎ 6223867, ÖZ: 15. April bis 31. Okt. Di-Do, Sa 14-17 Uhr, So 10-12 Uhr und 14-17 Uhr, 1. Nov bis 20. Dez und 1. Feb. bis 14. April Sa 14-17 Uhr, So 10-12 Uhr und 14-17 Uhr. In den Räumen und im barocken Schlossgarten werden hauptsächlich die patrizische Wohnkultur des 18. Jh. gezeigt.

⛪ **St.–Ursen–Kathedrale**, Hauptg.; Aus Solothurner Kalk-

stein in den Jahren 1762-73 erbautes bedeutendstes Schweizer Bauwerk des Frühklassizismus.

🏛 **Jesuitenkirche**, Hauptg.; Die barocke 1680 bis 1700 errichtete Kirche ist harmonisch in die Häuserfront einbezogen.

🏛 **Baseltor**, Hauptg.; Sehenswerter Festungsbau aus den Jahren 1504 bis 1535.

🏛 **Zeitglockenturm**, Marktpl.; ältestes Bauwerk von Solothurn

aus dem frühen 12 Jh.; im 15. und 16. Jh. mit einem astronomischen Uhrwerk ausgestattet.

- **Einsiedelei St. Verena**, nördl. von Solothurn in der Verenaschlucht; Auf dem Weg durch die Schlucht zum Kirchlein St. Verena erinnern in Felsen eingemauerte Tafeln und Gedenksteine an berühmte Solothurner.

In der an den Ufern der Aare gelegenen rund 17.000 Einwohner zählenden gleichnamige Hauptstadt des Kantons Solothurn, verschmelzen italienische Würde mit französischem Charme und deutsch-schweizer Beständigkeit zu einer harmonischen Einheit. Als einer der ältesten Städte nördlich der Alpen gilt Solothurn als besterhaltene und schönste Barockstadt der Schweiz.

Schon im Neolithikum siedelten Jäger und Sammler zwischen der Bergkette des Jura und der Aare. Bereits die Kelten gründeten hier eine Siedlung mit dem Namen Saloduron, was soviel wie „Festung der Salos" bedeutet. Um 370 nach Christus errichteten die Römer das Castrum Salodurum und schufen so einen bedeutenden Umschlagplatz. In den Wirren der Völkerwanderungen verschwand Solothurn in der Versenkung. Erst Ende des 9. Jahrhunderts, mit der Eingliederung als nördlicher Eckpfeiler ins Burgundische Königreich, erlangte die Stadt neues Leben.

1218 wurde Solothurn Freie Reichsstadt im Deutschen Reich. Schon frühzeitig bestand ein Bündnis mit Bern und 1481 trat Solothurn als elfter Kanton der Eidgenossenschaft bei. Von 1530 bis 1792 sandten die französischen Könige ihre Botschafter bei der Eidgenossenschaft in die Stadt, wodurch Solothurn auch die „Ambassadorenstadt" genannt wurde. Die Franzosen warben zudem zahlreiche Söldner aus der solothurner Bevölkerung an.

Da die Söldner großzügig entlohnt wurden, bescherte dies bei deren Heimattreue der Stadt Wohlstand und Reichtum. Ab 1830 wurde Solothurn demokratisch regiert.

Eine besonderes Verhältnis haben die Bürger von Solothurn zur Zahl 11. 1481 wurde Solothurn 11. Kanton der Eidgenossenschaft und zudem besitzt die Stadt von allem 11 Dinge: 11 Kirchen und Kapellen, 11 Türme, 11 historische Brunnen und 11 Zünfte. Da wundert es nicht, dass die St.-Ursen-Kathedrale 11 Altäre und 11 Glocken besitzt und der eindrucksvolle Aufgang beim Haupttor aus 11 Treppenfluchten besteht.

VON SOLOTHURN NACH KOBLENZ

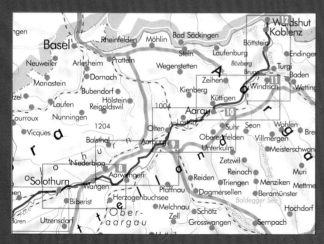

Im letzten Abschnitt treten nicht so sehr die imposanten Naturschauspiele in den Vordergrund, sondern die idyllische Flusslandschaft der Aare wird zum bestimmenden Landschaftselement. Träge schlängelt sich die Aare durch fruchtbare Äcker und saftige Wiesen. Mehrere Wasserkraftwerke haben den Flusscharakter nicht entscheidend zu dessen Nachteil verändert. Verträumte Dörfer, die sehenswerte Altstadt von Aarau oder die an der Mündung dreier Flüsse gelegenen Wasserstadt Brugg sind die kulturellen Höhepunkte. Von Solothurn nach Koblenz verläuft ist der Radweg mit wenigen Ausnahmen direkt entlang der Aare. Zwischen Aarau und Brugg ist ein Großteil der Strecke unbefestigt, jedoch bestens befahrbar. Höhenschiede sind keine zu überwinden.

Von Solothurn nach Aarwangen 21 km

Über den Ritterquai verlassen Sie Solothurn ～ hinter den Tennisplätzen geht es geradeaus weiter ～ auf den für Kfz gesperrten Radweg bleiben ～ 200 Meter später über eine Fußgänger- und Radlerbrücke ans Südufer nach **Zuchwil** ～ vor bis zur Hauptstraße ～ hier nach links Richtung Wangen ～ ab dem Kreisverkehr beginnt ein Radstreifen ～ ab **Luterbach** beginnt auf der linken Straßenseite ein separater Radweg.

Am Ende des Radweges links halten ～ auf der Landstraße nach **Deitingen** ～ vor der Bahnunterführung links ～ danach geht es 400 Meter durch eine Reihenhaussiedlung ～ dann im Zickzackkurs hinaus in die Felder ～ kerzengerade nach Wangen ～ die Dicknaustrasse mündet in die Hauptstraße ～ auf dieser hinein nach Wangen.

Wangen

Wangen verlassen Sie Richtung Olten auf der Bifangstrasse ～ nach der Bahnunterführung links auf der Metzgermattstrasse weiter ～ vor Walliswil über die Aare ～ auf dem Radweg neben der Hauptstrasse nach **Walliswil** ～ knapp 1,5 Kilometer hinter dem Ort zweigt der Aare-Radweg rechts ab ～ auf der Straße ist zur Hilfe ein weißer Pfeil aufgepinselt.

Beim Christenhof über die Aare ～ links nach **Berken** ～ knapp 800 Meter nach dem Gasthof Löwen links über einen Steg wieder zur Aare ～ bis zum Kraftwerk geht es am Ufer entlang ～ dann hinauf nach Meiniswil ～ große Gehöfte dominieren hier das Landschaftsbild ～ vor Aarwangen links ab

Aare

dem Wegweiser zum Schloss Aarwangen folgen ～ in **Schürhof** beim Schloss zur Hauptstraße.

Auf dieser gelangen Sie hinauf ins Ortszentrum. Die Hauptroute setzt sich aber in der Gegenrichtung fort.

Aarwangen

Von Aarwangen nach Olten 20 km

In Schürhof über die Aare ～ danach rechts ab nach Schwarzhäusern ～ hier rechts in die Rufshauenstrasse einschwenken.

Vor Wolfwil können Sie mit der Fähre ans andere Ufer gelangen (So 9-12 Uhr und 13-18 Uhr, Mo-Sa 7-19 Uhr, Ende Juli und

Anfang Aug. Fährbetrieb nur Sa und So, Voranmeldung ☎ 063/462936).

Wolfwil

Die Hauptroute folgt dem Straßenverlauf durch Wolfwil zum Hauptplatz ～ an der Verkehrsinsel mit dem alten Lindenbaum geht es links hinauf ～ gleich rechts Richtung Neuendorf ～ bei Waldegg rechts ab in den Wald hinein ～ die Radschilder des Solothurner Radwanderweges lassen Sie an jeder Weggabelung den rechten Weg finden ～ bei den Häusern von des Weilers Ewigkeit in die Allmendstrasse einschwenken ～ vor **Fulenbach** wird die Straße Härkingen-Fulenbach gequert.

Dann auf unbefestigtem Weg durch den Wald Richtung Boningen ～ bei der Blockhütte mit dem Brunnen geradeaus weiter achten Sie auf die Radschilder die an jeder Weggabelung angebracht sind ～ viele Wege führen durch den Wald, aber nur einer nach Boningen ～ vor Allmend geht es mitten durch eine riesige Kiesgrube danach rechts durch den Wald ～ unter der Querstraße hindurch ～ dann links durch Boningen.

Boningen

Auf der Aarburgerstrasse verlassen Sie Boningen ～ neben der Autobahn nach Aarburg ～ vor Aarburg zweigt links ein Fahrweg Richtung Olten ab ～ neben der Aare durch das **Naturgebiet Rutiger-Olten** ～ ein Stück sind Sie dann zwischen Eisenbahn und Aare eingezwängt ～ Olten erreichen Sie auf dem Kleinholzweg.

An der Kreuzung beim Distelstein halbrechts hinunter ins Zentrum ～ am Strandbad Olten rechts hinein ～ auf dem Radweg

Altstadt Olten

über das Gewässer Dünnern ～ hinauf zu alten Holzbrücke die nur Fußgängern vorbehalten ist ～ am linken Ufer beginnt die Fußgängerzone durch die Altstadt.

Olten

PLZ: 4600; Vorwahl: 062

🛈 **Verkehrbüro**, Klosterpl. 21, ☎ 2123088

⛪ **Stadtkirche**, Kirchg.; sehenswerter klassizistischer Bau aus den Jahren 1806-12.

Die Region in und um Olten war bereits während der Stein-, Bronze-, und Eisenzeit bewohnt. Die Römer errichteten zum Schutze der römischen Heerstrassen im 2. Jahrhundert nach Christus an der Aare ein Castrum, welches wegen seiner Lage ein bedeutender, befestigter Ort wurde. Das erstmals 1201 urkundliche erwähnte Olten kam nach

der römischen und alemannischen Besitznahme unter die Herrschaft der Grafen von Frohburg, welche Olten als „Veste, Burg und Schloss" ausbauten.

Später kam Olten in den Besitz des Bischofs von Basel, der es als Lehen oder Pfand diversen Grafen-Geschlechtern überließ, darunter auch die Habsburger. 1532 erwarb die Stadt Solothurn endgültig das kleine Städtchen, nachdem es seit 1426 nur verpfändet war. In den folgenden Jahren verlor Olten größtenteils seine erworbenen Rechte. Da die Oltner in dem Bauernkrieg von 1653 auf Seite der Bauern kämpften, wurde Olten sogar von der solothurner Verwaltung das Stadtrecht aberkannt.

Der Aufschwung kam in den Jahren der „Regeneration" von 1830 bis 1848. Die Oltner Liberalen lehnten sich gegen das alte Regime auf und proklamierten die allgemeine Volkssouveränität. Auf die Entwicklung der kleinen Stadt hatte dieses Ereignis bis in

die zweite Hälfte des 19. Jahrhunderts jedoch keine nachhaltige Wirkung.

Erst durch den Ausbau des Strassen- und Bahnnetzes wurde Olten eine bedeutende Drehscheibe des Verkehrs. In der Folge siedelten sich verschiedene neue Industrien an und die Einwohnerzahl stieg von 1600 im Jahr 1850 auf rund 7000 im Jahr 1900 rapid an. Heute leben in der prosperierenden Kleinstadt im Grünen etwa 18.000 Menschen.

Stadtkirche Aarau

VON OLTEN NACH AARAU 15 KM

Von der Holzbrücke ans rechte Ufer ∼ dort nach links auf dem Bahnhofquai zum Bahnhof ∼ ein Radstreifen schützt Sie so gut es geht vor dem Verkehr auf der Gösgen-

strasse ∼ hinter der Hauptwerkstätte der Schweizer Bundesbahn zweigt rechts die Industriestrasse ab ∼ auf dieser durch das Industriegebiet von Olten zur Aare ∼ hinter der Bahnunterführung rechts ∼ etwa 100 Meter darauf links zum Kraftwerksübergang.

Nun begleiten Sie die Aare flussabwärts ∼ nach der dritten Brücke in Höhe von Winznau am Damm bis zum Kernkraftwerk **Mühdorf** dann umfahren Sie das Wasserkraftwerk Gösgen ∼ danach auf der Äußere Kanalstrasse weiter ∼ über die Aare ∼ die Innere Kanalstrasse führt Sie bis zur Strasse nach Niedergösgen ∼ über die Betonbrücke nach Schönenwerd.

Schönenwerd

PLZ: 5012; Vorwahl: 062

🏛 **Paul-Gugelmann-Museum**, Schmiedeng 37, ☎ 8496540, ÖZ: Mi 14-17 Uhr, Sa und So 14-17 Uhr; poetische Maschinen und mobile Skulpturen.

🏛 **Bally Schuhmuseum**, Haus zum Felsgarten, ☎ 8582641, ÖZ: Jan bis Mitte Juli, Mitte Aug. bis Mitte Dez.; für Gruppen ab 10 Personen Führungen nach Vereinbarung Mo-Fr 8.30-17 Uhr, Einzelpersonen am letzten Fr im Monat um 14.30 und 16 Uhr; geschichtliche Entwicklung des Schuhwerkes und alles Wissenswerte rund um den Schuh von der Antike bis heute.

250 Meter hinter der Betonbrücke geradeaus ∼ am Freibad vorbei und durch die große Sportanlage ∼ am Hechtenweg zur Aare ∼ auf dem schmalen Steg über die Aare ∼ auf dem Fahrweg auf der Inseli zwischen dem Kanal und dem alten Lauf der Aare nach Aarau ∼ beim Kraftwerksgebäude zeigt der Wegweiser ins Zentrum nach rechts Ihnen den Weg ∼ nach Querung des Allmendweges auf der Stritengässli zum

Torturm der Stadtkirche ~ durch diesen in die Innenstadt.

Aarau

PLZ: 5000; Vorwahl: 062

🅸 **Verkehrsbüro**, Graben 42, ✆ 8227522

🏛 **Aargauer Kunsthaus**, Aargauerpl., ✆ 8352330, ÖZ: Di-So 10-17 Uhr, Do 10-20 Uhr; Schweizer Kunstwerke vom 18. Jh. bis zur Gegenwart.

🏛 **Stadtmuseum Aarau im Schlössli**, Schlosspl. 23, ✆ 8360517, ÖZ: Mi, Sa, So 14-17 Uhr. Im ältesten Gebäude Aaraus wird die Geschichte der Stadt dargestellt.

🏛 **Aargaiisches Naturmuseum**, Bahnhofpl., ✆ 8222948, ÖZ: Di-Sa 10 bis 12 Uhr und 14-17 Uhr, So 10-12 Uhr und 14-16 Uhr. Zu sehen sind geologische und zoologische Objekte der Region.

🏛 **Polizeimuseum**, Tellistr. 85, ✆ 8358181, ÖZ: Mo-Fr auf Anfrage. Im Kleinmuseum wird die historische Entwicklung des Aargauischen Polizeikorps von 1803 bis heute gezeigt.

🏯 **Oberes Tor mit Torturm**, Ziegelrain; Mit 61 Meter ist der im 16. Jh. erweiterte Turm der höchste Stadtturm der

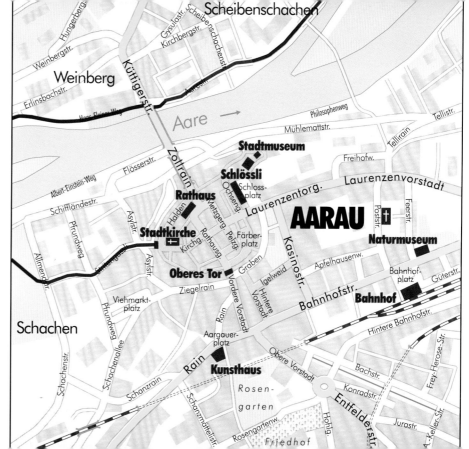

Schweiz.

🏛 **Stadtkirche**, Kirchg.; 1471-79 als dreischiffige Kirche erbaut, im 17. Jh. kam der barocke Turmaufbau hinzu.

🏛 **Schlössli**, Schlosspl. 23.; Der aus Aarekieseln und Findlingen im 11./12. Jh. erbaute Turm ist das älteste erhaltene Gebäude der Stadt.

Die heute rund 16.000 Einwohner zählende Hauptstadt des Kantons Aargau hatte ihren Ursprung am uralten Schnittpunkt der Aaretalstrasse mit dem Weg zwischen den Jurapässen Saalhöhe, Staffelegg und Benken im Norden, beziehungsweise Distelberg im Süden. Bereits zur Römerzeit war der Aareübergang gangbar. Der heutige Name

Oberes Tor in Aarau

Aarau bedeutet sinngemäß „Wiese an der Aare".

Als Aarau noch ein Dorf war, erhob sich bereits auf dem Felskopf oberhalb der Aare seit der Römerzeit ein Turm, der heute den Kern des Stadtmuseums Schlössi bildet und zwei Burgen. Gegründet wurde die Stadt durch das Geschlecht der Kyburger im Jahr 1248. Bald darauf ging Aarau in den Besitz der Habsburger über und 35 Jahre später verlieh Rudolf von Habsburg den Aarauern 1283 das Stadtrecht.

Mit der Herrschaft der Berner ab dem Jahr 1415 entwickelte sich die Stadt nur mühsam

und musste als „Untertanenstädtchen" ihr Dasein fristen. Erst Ende des 18. Jahrhunderts befreite sich Aarau aus der politischen Umklammerung und wurde 1798 Kantonshauptstadt und, allerdings nur vier Monate lang, sogar helvetische Hauptstadt.

Das liberal gesinnte Aarau erlebte als Zentrum des neuen Kantons Aargau bis Mitte des 19. Jahrhunderts seine Blütezeit. Danach begann die rasante gesellschaftliche und wirtschaftliche Entwicklung. Heute ist Aarau zwar eine Kleinstadt geblieben, aber in seiner politischen und wirtschaftlichen Bedeutung für die Region unverzichtbar geworden.

VON AARAU NACH BRUGG 22 KM

Ab Aarau folgen Sie nun den Radwegweisern mit den Ortsangaben Wildegg und Brugg.

Aarau verlassen Sie wieder durch den Torturm der Stadtkirche und fahren auf dem

selben Weg den Sie gekommen sind zum Kraftwerk ⚬ bei dem Kraftwerksgebäude in Aarau ans Nordufer ⚬ dort in den Hans-Fleiner-Weg einbiegen ⚬ unter Straßenbrücke hindurch ⚬ auf der Aarestrasse neben der Aare weiter.

Hinter Aarau bleiben Sie für die nächsten 12 Kilometer bis Bad Schinznach immer am linken Ufer ⚬ beim Freibad von **Auenstein** entfernt sich der Weg ein Stück von der Aare ⚬ ab der Brücke wieder dem altbekannten Uferweg folgen ⚬ bei Auenstein stoßen Sie an eine Vorrangstraße ⚬ diese nach 300 Meter nach rechts verlassen ⚬ bei der Brücke von **Wildegg** führt die Hauptroute geradeaus weiter.

Wildegg

Hier lohnt es sich einen kurzen Abstecher zum sehenswerten **Schloss Wildegg** zu machen. Dazu fahren Sie über die Aare und folgen den Wegweisern zum Schloss.

Auf der Weiterfahrt am Nordufer versperren nach der Brücke zwei Pfosten mehrspurigen Kfz den Weg ⚬ der ruhige Uferweg bringt Sie durch den schönen Laubwald bis Bad Schinznach ⚬ Schilfinseln in der Aare bereichern die Fahrt ⚬ in Schinznach-Bad führt eine eigene Radlerbrücke neben der Straße ans rechte Ufer.

Schinznach Bad und Dorf

Vorwahl: 056;

ℹ️ **Verkehrsverein Region Brugg**, Bahnhofstr. 23, ☎ 4489671

● **Thermalbad Aquarena**, Bad Schinznach, ☎ 4637505, ÖZ: Mo-Sa 8-22 Uhr, So und Fei 8-21 Uhr.

● **Geo-Weg**, Bad Schinznach; wissenswertes zur Geologie, Ökologie und Geschichte der Region auf 23 Stationen.

● **Schinznacher Baumschulbahn**, Schinznach-Dorf, ☎ 4636282; Fahrplanmäßige Dampfzüge: Ende April bis Anfang Okt. Sa 13-15.30 Uhr und So 13.30-17 Uhr im 1/2 Stunden Takt; 3 Kilometer lange Fahrt mit der Schmalspurbahn durch die Anlagen der Baumschule.

● **Reblehrpfad**, Schinznach-Dorf, ☎ 4433230; 3 Kilometer langer Rundweg durch die Weinberge mit Degustationsmöglichkeiten

Die Route verläuft direkt neben der Aare weiter gen Norden ⚬ nach 700 Meter wieder über die Aare ⚬ dann haben Sie die Wahl oben am Damm oder auf dem asphaltierten Fahrweg daneben zu fahren ⚬

bei der Brücke über die neue Aare in Höhe **Villnachern** halten Sie sich rechts ⁓ es geht in den wunderschönen Auwald hinein ⁓ Inseln in der Aare bieten ein idyllisches Bild ⁓ jeder der weniger als 13 Tonnen wiegt darf über die Brücke nach **Umiken** ⁓ bergauf zur Querstraße ⁓ auf dieser nach rechts zur Hauptstraße ⁓ auf der verkehrsreichen Straße nach Brugg ⁓ durch die Holzbrücke gelangen Sie in die Altstadt.

Brugg

PLZ: 5200; Vorwahl: 056

- 🛈 **Verkehrsverein Region Brugg**, Bahnhofstr. 23, ☎ 4489671
- 🏛 **Heimatmuseum und Stäblistübli**, Aarestr. 4, ☎ 4414742, ÖZ: 1. So im Monat von April bis Okt. 10-11.30 Uhr.
- 🏛 **Vindonissa-Museum**, Museumsstr. 1, ☎ 4412184 od. 4417542, ÖZ: tägl. außer Mo und Fei 10-12 Uhr und 14-17 Uhr. Dokumentation über die Römerzeit der Gegend.

- 🏰 **Schwarzer Turm**; Der erstmals 1238 erwähnte Turm ist das älteste Bauwerk Bruggs.
- 🏰 **Schloss Habsburg**, Habsburg, ☎ 4411673, ÖZ: Restaurationsbetrieb ganzjährig geöffnet, 1. Mai bis 30. Sept. Mo geschl., 1. Okt bis 30. April Mo und Di geschlossen; vom Turm herrliche Aussicht ins Umland.
- 🖼 **Zoo Hasel**, Rüfenach, ☎ 2842575, ÖZ: tägl. 10-18 Uhr.

Wie aus dem Namen unschwer zu erkennen ist, verdankt die Stadt ihren Ursprung einer wichtigen Brücke über die Aare. Bereits das älteste Stadtsiegel und das heutige Stadtwappen ziert das Bild der Aarebrücke. Den Römern diente die Brücke dem Verkehr zum nahen Legionslager Vindonissa und den Kaufleuten als Verbindung vom Oberrhein über den Juraübergang Bözberg in die Alpen.

Brugg wurde im Jahr 1064 in einer Urkunde über die Bestätigung der Besitztümer des Klosters Muri, darunter solche in „Bruggo", durch den Grafen von Habsburg erstmals erwähnt. Die von den Habsburgern gegründete Stadt bekam kurz nach 1200 das Marktrecht und 1284 das Stadtrecht verliehen. In dieser Zeit wurde auch das Wahrzeichen der Stadt der „Schwarze Turm" an der Aarebrücke errichtet. Nachdem die Eidgenossen die Habsburger vertrieben hatten, unterstand ab dem Jahr 1415 Brugg den mächtigen Bernern und führte ein bescheidenes Dasein am Rand deren Staates.

So ist es nicht verwunderlich, dass der Einmarsch der Franzosen 1798 von den Bruggern mit Freude begrüßt wurde. Napoleon machte Brugg 1803 zum Bezirkshauptort des neugeschaffenen Kanton Aargau. Das heute zirka 9000 Einwohner umfassende Städtchen erlebte mit dem Bau der sich hier kreuzenden Eisenbahnlinien und dem Einsetzen der Industrialisierung Ende des 19. Jahrhunderts einen merklichen Aufschwung.

Windisch

- 🏰 **Klosterkirche Königsfelden und Amphitheater**, Windisch, ✆ 4418833, ÖZ: 1. Nov. bis 31. März 10-12 Uhr und 14-16 Uhr, 1. April bis 31. Okt. 9-12 Uhr und 14-17 Uhr. Das größte schweizer Amphitheater wurde 1897 ausgegraben. Rund um die Klosterkirche sind Reste des Legionslagers Vindonissa zu besichtigen.

- **Schlauchbootfahrten**, Kornfeldstr. 22, ✆ 4411141. Bootsfahrten auf der Aare durch die Aareschlucht von Villnachern bis Stilli.

VON BRUGG NACH KOBLENZ   20 KM

150 Meter nach der Holzbrücke, am linken Aareufer, verlassen Sie die Hauptstraße und folgen dem Wegweiser Richtung Stadion, Zeughaus und Au ∼ am Stadion mit einer Leichtathletikanlage und einem Rasenplatz vorbei ∼ an der Querstraße nach Turgi links ab zur Hauptstraße Brugg-Stili ∼ Vorsicht beim Queren! ∼ anschließend nach rechts in die Steinbruchstrasse, die durch Lauffohr führt.

Lauffohr

Wieder auf der Hauptstraße angekommen nimmt Sie ein Radweg auf ∼ knapp einen Kilometer später vom Radweg nach links in den Steigweg abzweigen ∼ dann rechts in den Grenzweg ∼ es geht durch eine Einfamilienhaussiedlung bis zur Hauptstraße Villingen/Stili ∼ am Radweg Stilli-Villingen kommen Sie sicher nach **Villingen** ∼ ab Villingen zuerst auf dem Radweg, dann auf der Landesstraße nach Böttstein.

Böttstein

Das kleine Schloss mit angeschlossener Kapelle verleiht dem Ort ein liebliches Antlitz ∼ an der Hauptkreuzung von Böttstein

Aare bei Böttstein

zweigen Sie links ab ∼ dem Radweg nach Döttingen folgen ∼ der Fahrweg führt durch ausgedehnte Maisfelder ∼ durch den Weinberg steil hinunter zur Aare ∼ nun geht es wieder durch die Auwälder der Aare entlang weiter ∼ hie und da ist der Weg etwas holprig.

Hinter der Brücke von **Döttingen** geht es am Damm weiter ∼ vom Damm aus haben sie eine schöne Sicht auf den großen Aare-Stausee und das Vogelschutzgebiet Klingau ∼ an der Staustufe des Kraftwerks **Klingnau** endet der Dammweg.

Die erste Brücke des Kraftwerkgebäudes können Sie mit den Velo befahren ∼ bei der zweiten Brücke müssen Sie Ihr Velo schieben

Blick auf den Aare-Stausee

danach auf dem Fahrweg geradeaus zur Straße nach Koblenz ⚬ nach 1,5 Kilometer ist der Endpunkt des Aare-Radweges an der Kreuzung bei der Zollbrücke erreicht.

Koblenz

Da der kleinere Ort Koblenz außer einigen Gasthäusern nichts wichtiges zu bieten hat, sollten Sie nach Waldshut weiterfahren.

Über die Zollbrücke gelangen Sie ans rechte Rheinufer nach Deutschland. Wenn Sie dem Verkehr an der Einfahrtsstraße nach Waldshut ausweichen wollen, biegen Sie nach dem Zoll gleich links in die Koblenzstraße ab. So gelangen Sie zum Campingplatz am Rheinufer und weiter in den Orts-

kern. Für die Weiterfahrt am Rhein informiert Sie unser *bikeline*-Radtourenbuch Rhein-Radweg Teil 1 von Konstanz nach Basel.

Waldshut

PLZ: D-79746; Vorwahl: 07751

🛈 **Verkehrsamt Waldshut**, Wallstr. 26, ✆ 833198 und 199

🏚 **Kaiserstraße**. Die malerische Hauptstraße wird von zwei sehenswerten Stadttoren des 13. Jh. begrenzt und ist mit Geschäfts- und Zunfthäusern aus dem 16. bis 18. Jh. bestückt.

🏚 **Rathaus**, Kaiserstr.; schmucker Bau von 1770 nach Plänen von Johann Kaspar Bagnato.

🏚 **Liebfrauenkirche**; Neubau um 1800 mit einigen gotischen Mauerresten.

🏚 **Friedhofkapelle**; erbaut 1683 mit flacher Kassettendecke, Barockaltären und einer Nachbildung des Heiligen Grabes anstelle des Altars.

ÜBERNACHTUNGSVERZEICHNIS

Im folgenden sind Hotels (H, Hg), Gasthöfe (Gh), Pensionen (P) und private Unterkünfte (Pz/Bh), aber auch Jugendherbergen und Campingplätze der meisten Orte entlang der Radwege angeführt. Die Orte sind nicht in alphabetischer Reihenfolge, sondern analog zur Streckenführung aufgelistet.

Wir bemühen uns, diese Verzeichnis möglichst vollständig zu halten, daher stellt der Eintrag keine Empfehlung der einzelnen Betriebe dar!

Die römische Zahl (I–VI) nach der Telefonnummer gibt die Preisgruppe des betreffenden Betriebes an. Folgende Unterteilung liegt der Zuordnung zugrunde:

I	unter sFr 30,–
II	sFr 30,– bis 45,–
III	sFr 45,– bis 60,–
IV	sFr 60,– bis 70,–
V	sFr 70,– bis 100,–
VI	über sFr 100,–

Die Preisgruppen beziehen sich auf den Preis pro Person in einem Doppelzimmer mit Dusche oder Bad mit Frühstück. Zimmer ohne Bad oder Dusche sind durch das Symbol ✗ nach der Preisgruppe gekennzeichnet.

Da wir das Verzeichnis stets erweitern, sind wir für Anregungen Ihrerseits dankbar. Die Eintragung erfolgt natürlich kostenfrei.

Meiringen
PLZ: 3860; Vorwahl: 033

🛈 **Tourist Information Meiringen/Haslital,** Bahnhofstr. 22, ☏ 972132
H du Sauvage, ☏ 9714141, V
H Alpin Sherpa, ☏ 9725252, V
H zum Alpbach, ☏ 9714478, V
H Sherlock Holmes, ☏ 9729889, V
H Weisses Kreuz, ☏ 9714971, V
H Baer, ☏ 9714646, IV
H Bahnhof ☏ 9721212, IV
H Victoria, ☏ 9711033, III
H Adler, ☏ 9711032, III
H Brunner, ☏ 9711423, III
H Tourist, ☏ 9711044, III
H Rebstock, ☏ 9711741, III
H Landgasthof Hirschen, ☏ 9711812, II
Gh Restaurant du Pont, ☏ 9711807, III
Pz Reinhard, Sandmatten 6, ☏ 9713218, III
🏠 Jugendherberge Meiringen, Alpbachstr. 17, ☏ 9711715

Brienz
PLZ: 3855; Vorwahl: 033

🛈 **Tourismusverein Brienz Axalp,** beim Bahnhof, ☏ 9528080
H Giessbach, ☏ 9513535, VI
H Brienzerburli, ☏ 9511241, VI
H Lindenhof, Lindenhofweg, ☏ 9511072, VI
H Bären, Hauptstr. 70, ☏ 9512412, VI
H Schützen, Hauptstr. 156, ☏ 9511691, VI
H Adler de la Gare, Hauptstr. 131, ☏ 9514100, VI
Hg Walz, Hauptstr. 102, ☏ 9511459, VI
H Wildbach, Bachtalen, ☏ 9512444, VI
P Marcel & Irene, Talstr. 17, ☏ 512374, III
P Trauffer-Rodi, Rothornstr. 11, ☏ 9511914, II
P Tarchini, Max-Buri-Weg 3, ☏ 9512187, II
🏠 Jugendherberge, Strandweg 10, ☏ 9511152
⛺ Camping Aaregg, Seestr., ☏ 9511843
⛺ Camping Seegärtli, Seestr., ☏ 9511351

Böningen

PLZ: 3806; Vorwahl: 033

i **Verkehrsverein**, Seestr. 6, ✆ 8222958

H Seiler au Lac, ✆ 8223001, VI

H Schlössli, ✆ 8232928, VI

H Terrasse, ✆ 8220740, VI

H Park-Hotel, ✆ 8227106, VI

H Oberländerhof, ✆ 8221725, VI

Gh Bären, ✆ 8221951, V

Gh Kreuz, ✆ 8222743, V

Pz Gertsch, Interlakenstr. 23, ✆ 8223789, IV

⛺ Camping Seeblick, Böningen, ✆ 8221143

Interlaken

PLZ: 3800; Vorwahl: 033

i **Interlaken Tourismus**, Höheweg 37, ✆ 8222121

H Victoria-Jungfrau, Höheweg 41, ✆ 8282828, VI

H Charlton, Höheweg 92, ✆ 8223821, VI

H Europe, Höheweg 94, ✆ 8227141, VI

H Beau Rivage, Höheweg 211, ✆ 8216272, VI

H Du Lac, Höheweg 225, ✆ 8222922, VI

H Toscana, Jungfraustr. 19, ✆ 8233033, VI

H Blume, Jungfraustr. 30, ✆ 8227131, VI

H National, Jungfraustr. 46, ✆ 8223621, VI

H Harder Minerva, Harderstr. 15, ✆ 8232313, VI

H Stella, General-Guisanstr. 10, ✆ 8228871, VI

H Lötschberg, General-Guisanstr. 31, ✆ 8222545, VI

H Artos, Alpenstr. 45, ✆ 88288844, VI

H Marti Motel, Brienzstr. 38, ✆ 8222602,VI

H Derby, Obere Jungfraustr. 70, ✆ 8221941, VI

H Goldey, Obere Goldey 85, ✆ 8224445, VI

H Bären, Marktg. 19, ✆ 8227676, V

P Alp Lodge, Marktg. 59, ✆ 8224748,IV

P Arnold´s Bed & Breakfast, Parkstr. 3, ✆ 8236421, IV

⛺ Camping Minor Farm, Interlaken, ✆ 8222264

⛺ Camping Sackgut, Interlaken, ✆ 8224434

Unterseen

H Beau Site, Seestr. 16, ✆ 8267575, VI

H Chalet Swiss, Seestr. 22, ✆ 8227822, VI

H Central-Continental, Bahnhofstr. 43, ✆ 8231033, VI

H Aarburg, Beatenstr. 1, ✆ 8222615, V

H Falken, Spielmatte 8, ✆ 8223043, V

P Sonne, bahnhofstr. 9, ✆ 8228835, V

P Aarestrasse, Aarestr. 28, ✆ 8225684, IV

Pz Spänni, Seidenfadenstr. 43, ✆ 8220642, V

Pz Gross, Scheidg. 71, ✆ 8236193, V

⛺ Camping Hobby, Unterseen, ✆ 8229652

⛺ Camping Lazy Rancho, Unterseen, ✆ 8228716

⛺ Jungfrau-Camp, Unterseen, ✆ 8227107

⛺ Camping Alpenblick, Unterseen, ✆ 8227757

Matten

H Hirschen, Hauptstr. 11, ✆ 8221545, VI

H Sonne, Hauptstr. 34, ✆ 8227541, VI

H Park Mattenhof, Hauptstr. 36, ✆ 8216121, VI

H Alpina, Hauptstr. 44, ✆ 8228031, VI

H Tell, Hauptstr. 49, ✆ 8221825, VI

Gh Unspunnen, Wagnerstr. 9, ✆ 8222463, VI

Pz Stucki, Flurweg 44, ✆ 8231489, III

⛺ Camping Jungfraublick, Matten, ✆ 036/224414

Ringgenberg

⛺ Camping Talacker, Ringgenberg, ✆ 8221128

Spiez

PLZ: 3700; Vorwahl: 033

i **Verkehrsbüro**, Bahnhofstr., ✆ 6542138

H Belvedere Strandhotel, ✆ 6543333 VI

H Edenhotel, ✆ 6541154, VI

H Des Alpes, ✆ 6543354, VI

H Seegarten-Marina, ✆ 6546707, VI

H Bellevue, ✆ 6548448, V

H Lötschberg, ✆ 6545051, V

H Gwatt-Zentrum, Einigen, ✆ 3363131, VI

Hg Aqua Welle, ✆ 6544044, VI

Hg Krone, ✆ 6544131, V

P Seeblick, ✆ 6544181, VI

Pz Bühlmann, Hofachernweg 9, ✆ 6541336, II

Pz Kocher, Stutz 4, ✆ 6546672, II

Pz Zurbrügg, Leimernweg 24, ✆ 6542554, II

Pz Gehri, Asylstr. 7, ✆ 6541255, I

⛰ Camping Panorama, Aeschi, ☎ 544377
⛰ Camping Stuhlegg, Krattigen, ☎ 542723

Thun
PLZ: 3600; Vorwahl: 033

ℹ **Thun-Tourismus Organisation**, Seestr. 2, ☎ 2222340
H Freienhof, ☎ 2275050, VI
H Holiday, ☎ 3365757, VI
H Krone, ☎ 2278888, VI
H Seepark, ☎ 2261212, VI
H Elite, ☎ 2232823, VI
H Alpha, ☎ 3369393, VI
H Emmental, ☎ 2220120, VI
H Metzgern, ☎ 2222141, V
Gh Dürrenast, ☎ 3368066, V
Gh Zur Lauenen, ☎ 2222635, V
⛰ Camping Bettlereiche, Gwatt, ☎ 364067

Bern
PLZ: 3000; Vorwahl: 031

ℹ **Bern Tourismus**, Im Bahnhof, ☎ 3116611
H Bellevue Palace, Kocherg. 3-5, ☎ 3204545, VI
H Schweizerhof, Bahnhofpl. 11, ☎ 3114501, VI
H Bären, Schauplatzg. 4, ☎ 3113367, VI
H Bristol, Schauplatzg. 10, ☎ 3110101, VI
H Goldener Adler, Gerechtigkeitsg. 7, ☎ 3111725, VI
H Belle Epoque, Gerechtigkeitsg. 18, ☎ 3114336, VI
H Hospiz zur Heimat, Gerechtigkeitsg. 50, ☎ 3110436,VI
H Bern, Zeughausg. 9, ☎ 3121021, VI
H Metropole, Zeughausg. 26-28, ☎ 3115021, VI
H Continental, Zeughausg. 27, ☎ 3112626, VI
H Kreuz, Zeughausg. 41, ☎ 3111162, VI
H Innere Enge, Engestr. 54, ☎ 3096111, VI
H Savoy, Neueng. 26, ☎ 3114405, VI
H Alfa, Laupenstr. 15, ☎ 3813866, VI
H Wächter, Genferg. 4, ☎ 3110866, VI
H Krebs, Genferg. 8, ☎ 3114942, VI
H La Pergola, Belpstr. 43, ☎ 3819146, VI
H Waldhorn, Waldhöheweg 2, ☎ 3322343, VI
H Alpenblick, Kasernenstr. 29, ☎ 3356666, VI
H Arabelle, Mittelstr. 6, ☎ 3010305, VI
H Glocke, Rathausg. 75, ☎ 3113771, VI
H Goldener Schlüssel, Rathausg. 72, ☎ 3110216, VI
H Isola, Niesenweg 10, ☎ 3021711, VI
H Jardin, Militätstr. 38, ☎ 3330117, VI
H National, Hirschengraben 24, ☎ 3811988, VI
H Marthahaus, Wyttenbachstr. 22a, ☎ 3324135, VI
🏠 Jugendherberge SJH, Weiherg. 4, ☎ 3116316
⛰ Camping Eichholz, Wabern, ☎ 9612602
⛰ Camping Kappelenbrücke, Eymatt, ☎ 9011007

Aarberg
PLZ: 3270; Vorwahl: 032

ℹ **Verkehrsverein**, Stadtpl. 12, ☎ 3923231
H Krone, Stadtpl. 29, ☎ 3919966, VI
H Falken, ☎ 3921135, VI

Lyss
PLZ: 3250; Vorwahl: 032

ℹ **Verkehrsverein**, Marktpl. 9, ☎ 3870587
H Spatz, Bielstr. 28, ☎ 3843888, VI
H Weisses Kreuz, Marktpl. 15, ☎ 3870740, VI
Gh Bären, Bernstr.1, ☎ 3841329, V, ✕
Pz Schär, Bielstr. 24, ☎ 3847968, II

Biel/Bienne
PLZ: 2500; Vorwahl: 032

ℹ **Tourismus Biel Seeland**, Am Bahnhofpl., ☎ 3227575
H Elite, Bahnhofstr. 14, ☎ 3225441, VI
H Plaza, Neumarktstr. 40, ☎ 3229744, VI
H Dufour, Dufourstr. 31, ☎ 3447878, VI
H Atlantis, Mittelstr. 10, ☎ 3424411, VI
H Bären-en-ville, Nidaug. 22, ☎ 3224573, VI
H Goya, Neueng. 6, ☎ 3226161, VI
H Continental, Aarbergstr. 29, ☎ 3223255, VI
Gh Zum Weissen Rössli, Madretschstr. 74, ☎ 3656055, V
🏠 The Hostel, Solothurnstr., ☎ 3412965
🏠 Haus am Quai, Oberer Quai 12, ☎ 3226838
⛰ Camping Sutz, Sutz, ☎ 571345

Büren an der Aare
PLZ: 3294; Vorwahl: 032

ℹ **Verkehrsverein**, Kreuzg. 8, ☏ 812707

H Krone, ☏ 3511223, VI

Solothurn

PLZ: 4500; Vorwahl: 032

ℹ **Tourist Office**, Hauptg. 69, ☏ 6221515

H Ambassador, Nikl.-Konradstr. 21,
☏ 6216181, VI

H Astoria, Wenigstr. 13, ☏ 227571, VI

H Roter Turm, Hauptg. 42, ☏ 6229621, VI

H Krone, Hauptg. 64, ☏ 6224412, VI

H Baseltor, Hauptg. 79, ☏ 6223422, VI

H Schüssel Bar, Kreuzg. 3, ☏ 6222282, V

H Nelson, Rossmarktpl. 2, ☏ 6220422, V

H Schönegg Lodge, Bergstr. 60/64,
☏ 6220501, V

H Touring, Bielstr. 113, ☏ 6226674, V

Gh Enge, Engestr. 1, ☏ 6220961, V

▲▲ Jugendherberge, Landhausquai 23,
☏ 6231706

Zuchwil

PLZ: 4528; Vorwahl: 032

ℹ **Tourist Office**, Hauptg. 69, ☏ 6221515

H Martinshof, Hauptstr. 81, ☏ 6852250, V

H Sporthotel, Amselweg 59, ☏ 6865532, V

Olten

PLZ: 4601; Vorwahl: 062

ℹ **Verkehrsbüro**, Klosterpl. 21, ☏ 2123088

H Arte, Riggenbachstr., ☏ 2866800, VI

H Europe, Mühleg. 6, ☏ 2120222, VI

H Olten, Bahnhofstr. 5, ☏ 2963030, VI

H Astoria, Hübelistr. 15, ☏ 2121212, VI

H Emmental, Tannwaldstr. 34, ☏ 2963362, VI

H Adler, Marktg. 34, ☏ 2122810, V

H Zunfthaus zum Löwen, Hauptg. 6,
☏ 2122117, V

▲ Camping Ruppoldingen, Aarburg, ☏ 414037

Wangen:

H Zum Ochsen, Dorfstr. 129, ☏ 2120440, VI

Trimbach:

H Zur Kapelle, Baslerstr. 88, ☏ 2933032, VI

Schönenwerd

PLZ: 5012; Vorwahl: 062

H Storchen, Oltnerstr. 16, ☏ 8494747, VI

H Im Winkel, Bäckerstr. 2, ☏ 8491268, VI

Aarau

PLZ: 5001; Vorwahl: 062

ℹ **Verkehrsbüro**, Graben 42, ☏ 8247624

H Aarauerhof, Bahnhofstr. 68, ☏ 8378300, VI

H Goldige Öpfel, Kasernenstr. 24, ☏ 8232121,
VI

H Rebe, Obere Vorstadt 18, ☏ 8223534, VI

H Zum Schützen, Schachen, ☏ 8230124, VI

Brugg

PLZ: 5200; Vorwahl: 056

ℹ **Verkehrsverein Region Brugg**, Bahnhofstr.
23, ☏ 4489671

H Gotthard, ☏ 4411794, VI

H Terminus, ☏ 4411821, VI

▲▲ Jugendherberge Schlössli Altenburg, Im Hof
11, ☏ 4411020

Waldshut

PLZ: D-79746; Vorwahl: 07751

ℹ **Verkehrsamt Waldshut**, Wallstr. 26,
☏ 833198

H Waldshuter Hof, Kaiserstr. 56, ☏ 87510, V

H Fährhaus, Konstanzerstr. 7, ☏ 3012, IV

H Schwanen, Amtshausstr. 2, ☏ 3632, IV

Pz Raufer, Kalvarienbergstr. 11, ☏ 4510, I

Pz Krauß, Bloisstr. 80, ☏ 7162, I, ✕

▲ Rhein-Camping mit Herberge, Jahnweg 22,
☏ 3152

ORTSINDEX

Zahlen in *kursiver Schrift*
verweisen auf das
Übernachtungsverzeichnis.

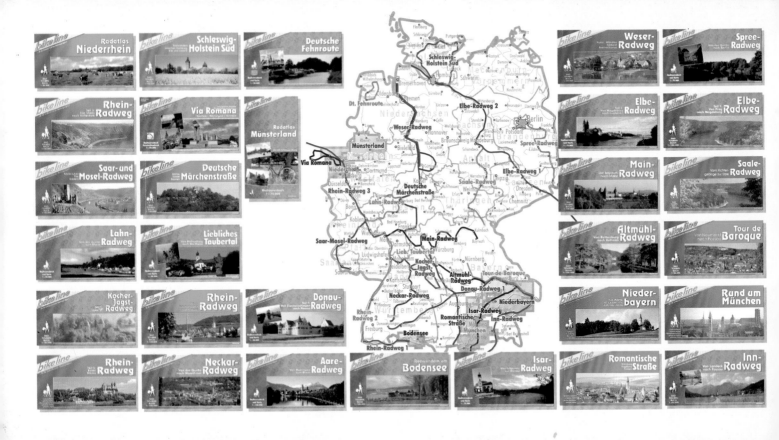